我
思

敢于运用你的理智

经典维新丛书，将以不同的视角来重新整理出版近代以来的经典学术论著，其出版思路可分为：

一、展现某学术著作的思想史或批评史，如胡适《说儒》第二部分“说儒前史”，熊十力《新唯识论（批评本）》；

二、梳理某种观念或学说的历史际遇，如《国学到底是什么》《阳明心学得失论》；

三、挖掘被当代学术界忽视的学术论著，如《汤用彤讲西方哲学》、马一浮《法数钩玄》；

四、选编反映某学术大家思想特质的文集，如《太虚讲国学哲学》《王国维哲学论著集》。

经典维新

国学到底是什么

吴闲 选编

长江出版传媒 | 崇文书局

图书在版编目（CIP）数据

国学到底是什么 / 吴闲选编.
— 武汉：崇文书局，2019.9
（经典维新）
ISBN 978-7-5403-5610-1

Ⅰ. ① 国…
Ⅱ. ① 吴…
Ⅲ. ① 国学—通俗读物
Ⅳ. ① Z126-49

中国版本图书馆 CIP 数据核字（2019）第 149418 号

我思

敢于运用你的理智

国学到底是什么

出　　品　崇文书局人文学术出版中心
策 划 人　梅文辉（mwh902@163.com）
责任编辑　吴海明　刘　丹
装帧设计　张鑫容
出版发行　长江出版传媒｜崇文书局
地　　址　武汉市雄楚大街 268 号 C 座 11 层
电　　话　(027)87680797　邮政编码　430070
印　　刷　武汉中科兴业印务有限公司
开　　本　880mm×1230mm　1/32
印　　张　6.375
字　　数　140 千字
版　　次　2019 年 9 月第 1 版
印　　次　2019 年 9 月第 1 次印刷
定　　价　35.00 元

（读者服务电话：027—87679738）

目　录

国学辨义 …… 1

东京留学生欢迎会演说辞 /章太炎 …… 3

论中国并不保存国粹 /刘师培 …… 15

国学真论 /邓实 …… 22

《国粹学报》叙 /黄节 …… 27

《国学丛刊》序 /王国维 …… 32

今日之国学论 /钱基博 …… 36

楷定国学名义 /马一浮 …… 54

国故与科学精神 /毛子水 …… 70

毛子水《国故与科学精神》识语 /傅斯年 …… 85

我们对于国故应取的态度 /顾颉刚 …… 87

《国学季刊》发刊宣言 /胡适 …… 91

历史语言研究所工作之旨趣 /傅斯年 …… 108

国学反思 …………………………………………121

学术与国粹/陈独秀……………………………123

所谓“保存国粹”/鲁迅 ……………………126

所谓“国学”/鲁迅……………………………128

罗素与国粹/周作人……………………………130

国粹与欧化/周作人……………………………132

国学运动的我见/成仿吾………………………136

箴洋八股化之理学/吴稚晖……………………140

汉字革命与国故/钱玄同………………………147

整理国故与“打鬼”/胡适 ……………………152

且慢谈所谓“国学”/郑振铎 …………………157

论所谓“国学”/何炳松………………………168

国粹与国学/许地山 ……………………………180

国学辨义

东京留学生欢迎会演说辞

章太炎

今日承诸君高谊，开会欢迎，实在愧不克当。况且自顾生平，并没有一长可恃，愈觉惭愧。只就兄弟平生的历史，与近日办事的方法，略讲给诸君听听。

兄弟少小的时候，因读蒋氏《东华录》，其中有戴名世、曾静、查嗣庭诸人的案件，便就胸中发愤，觉得异种乱华，是我们心里第一恨事。后来读郑所南、王船山两先生的书，全是那些保卫汉种的话，民族思想渐渐发达。但两先生的话，却没有甚么学理。自从甲午以后，略看东西各国的书籍，才有学理收拾进来。当时对着朋友，说这逐满独立的话，总是摇头，也有说是疯颠的，也有说是叛逆的，也有说是自取杀身之祸的。但兄弟是凭他说个疯颠，我还守我疯颠的念头。

壬寅春天，来到日本，见著中山，那时留学诸公，在中山那边往来，可称志同道合的，不过一二个人。其余偶然来往的，总是觉得中山奇怪，要来看看古董，并没有热心救汉的心思。暗想我这疯颠的希望，毕竟是难遂的了，就想披起袈裟，做个和尚，不与那学界政界的人再通问讯。不料监禁三年以后，再到此地，留学生中助我张目的人，较从前增加百倍，才晓得人心进化，是实有的。以前排满复汉的心肠，也是人人都有，不过潜在胸中，到今日才得发现。自己以前所说的话，只比得那“鹤知夜半，鸡知天明”。夜半天明，本不是那只鹤、那只鸡所能办得到的，但是得气之先，一声胶胶喔喔的高啼，叫人起来做事，也不是可有可无。到了今日，诸君所说民族主义的学理，圆满精致，真是后来居上，兄弟岂敢自居先辈吗？只是兄弟今日还有一件要说的事，大概为人在世，被他人说个疯颠，断然不肯承认，除那笑傲山水诗豪画伯的一流人，又作别论，其余总是一样。独有兄弟却承认我是疯颠，我是有神经病，而且听见说我疯颠，说我有神经病的话，倒反格外高兴。为甚么缘故呢？大凡非常可怪的议论，不是神经病人，断不能想，就能想也不敢说。说了以后，遇着艰难困苦的时候，不是神经病人，断不能百折不回，孤行己意。所以古来有大学问成大事业的，必得有神经病才能做到。诸君且看那希腊哲学家琐格拉底，可不是有神经病的么？那提出民权自由的路索，为追一狗，跳过河去，这也实在是神经病。那回教初祖摩罕默德，据今日宗教家论定，是有脏燥病的。像我汉人，明朝熊廷弼的兵略，古来无二，然而看他《气性先生传》说，熊廷弼剪截是个疯子。近代左宗棠的为人，保护满奴，残杀同类，原是不足道的。但他那出奇制胜的方略，毕竟令人佩服。这左宗棠少年在岳麓书院的事，种种奇怪，想是人人共知。更有德华士马克，曾经在旅馆里头，叫唤堂官，没有答应，便就开起枪来，这是何等性情呢？仔细看来，那六人才典功业，都是神经病里流出来的。为这缘故，兄弟承认自己有神经病；也愿诸位同志，人人个个，都有一两分的神经病。近来有人传说，某某是有神经病，某某也是有神经病。兄弟看来，不怕有神经病，只怕富贵利禄当面现前的时候，那神经病立刻好了，这才是要不得呢！略高一点的人，富贵利禄的补剂，虽不能治他的神经病，那艰难困苦的毒剂，还是可以治得的，这总是脚跟不稳，不能成就甚么气候。兄弟尝这毒剂，是最多的。算来自戊戌年以后，已有七次查拿，六次都拿不到，到第七次方才拿到。以前三次，或因别事株连，或是普拿新党，不专为我一人；后来四次，却都为逐满独立的事。但兄弟在这艰难困苦的盘涡里头，并没有一丝一毫的懊悔，凭你甚么毒剂，这神经病总治不好。或者诸君推重，也未必不由于此。若有人说，假如人人有神经病，办事必定瞀乱，怎得有个条理？但兄弟所说的神经病，并不是粗豪卤莽，乱打乱跳，要把那细针密缕的思想，装载在神经病里。譬如思想是个货物，神经病是个汽船，没有思想，空空洞洞的神经病，必无实济。没有神经病，这思想可能自动的么？以上所说，是略讲兄弟平生的历史。

至于近日办事的方法，一切政治、法律、战术等项，这都是诸君已经研究的，不必提起。依兄弟看，第一要在感情，没有感情，凭你有百千万亿的拿破仑、华盛顿，总是人各一心，不能团结。当初柏拉图说“人的感情，原是一种醉病”，这仍是归于神经的了。要成就这感情，有两件事是最“要”的：第一，是用宗教发起信心，增进国民的道德；第二，是用国粹激动种性，增进爱国的热肠。

先说宗教。近来像宾丹、斯宾塞尔那一流人崇拜功利，看得宗教都是漠然。但若没有宗教，这道德必不得增进，生存竞争，专为一己，就要团结起来，譬如一碗的干麨子，怎能团得成面？欧美各国的宗教，只奉耶苏基督，虽是极其下劣，若没有这基督教，也断不能到今日的地位。那伽得《社会学》中，已把斯宾塞尔的话，驳辩一过。只是我们中国的宗教，应该用那一件？若说孔教，原有好到极处的。就是各种宗教，都有神秘难知的话杂在里头，惟有孔教，还算干净，但他也有极坏的。因为孔子当时，原是贵族用事的时代，一班平民，是没有官做的，孔子心里，要与贵族竞争，就教化起三千弟子，使他成就做官的材料。从此以后，果然平民有官做了。但孔子最是胆小，虽要与贵族竞争，却不敢去联合平民，推翻贵族政体。他《春秋》上虽有"非世卿"的话，只是口诛笔伐，并不敢实行的，所以他教弟子，总是依人作嫁，最上是帝师王佐的资格，总不敢觊觎帝位。及到最下一级，便是委吏乘田，也将就去做了。诸君看孔子生平，当时摄行相事的时候，只是依傍鲁君，到得七十二国周游数次，日暮途穷，回家养老，那时并且依傍季氏，他的志气，岂不一日短一日么？所以孔教最大的污点，是使人不脱富贵利禄的思想。自汉武帝专尊孔教以后，这热衷于富贵利禄的人，总是日多一日。我们今日想要实行革命，提倡民权，若夹杂一点富贵利禄的心，就像微虫霉菌，可以残害全身，所以孔教是断不可用的。

若说那基督教，西人用了，原是有益；中国用了，却是无益。因中国人的信仰基督，并不是崇拜上帝，实是崇拜西帝。最上一流，是借此学些英文、法文，可以自命不凡；其次就是饥寒无告，要借此混日子的；最下是凭仗教会的势力，去鱼肉乡愚，陵轹同类。所以中国的基督教，总是伪基督教，并没有真基督教。但就是真基督教，今日还不可用。因为真基督教，若野蛮人用了，可以日进文明；若文明人用了，也就退入野蛮。试看罗马当年，政治学术，何等灿烂，及用基督教后，一切哲学，都不许讲，使人人自由思想，一概堵塞不行，以致学问日衰，政治日敝，罗马也就亡了。那继起的日耳曼种，本是野蛮贱族，得些基督教的道德，把那强暴好杀的心，逐渐化去，就能日进文明，这不是明白的证据么？今日的中国，虽不能与罗马并称，却还可称伯仲，断不是初起的日耳曼种可相比例。所以真正的基督教，于中国也是有损无益。再就理论上说，他那谬妄可笑，不合哲学之处，略有学问思想的人，决定不肯信仰，所以也无庸议。

孔教、基督教，既然必不可用，究竟用何教呢？我们中国，本称为佛教国。佛教的理论，使上智人不能不信；佛教的戒律，使下愚人不能不信。通彻上下，这是最可用的。但今日通行的佛教，也有许多的杂质，与他本教不同，必须设法改良，才可用得。因为净土一宗，最是愚夫愚妇所尊信的。他所求的，只是现在的康乐、子孙的福泽，以前崇拜科名的人，又将那最混账的《太上感应篇》《文昌帝君阴骘文》等，与净土合为一气，烧纸、拜忏、化笔、扶箕，种种可笑可丑的事，内典所没有说的，都一概附会进去。所以信佛教的，只有那卑鄙恶劣的神情，并没有勇猛无畏的气概。我们今日要用华严、法相二宗改良旧法。这华严宗所说，要在普度众生，头目脑髓，都可施舍与人，在道德上最为有益。这法相宗所说，就是万法惟心。一切有形的色相，无形的法尘，总是幻见幻想，并非实在真有。近来康德、索宾霍尔诸公，在世界上称为哲学之圣。康德所说“十二范畴”，纯是“相分”的道理。索宾霍尔所说“世界成立全由意思盲动”，也就是“十二缘生”的道理，却还有许多哲理，是诸公见不到的。所以今日德人，崇拜佛教，就是为此。在哲学上今日也最相宜。要有这种信仰，才得勇猛无畏，众志成城，方可干得事来。佛教里面，虽有许多他力摄护的话，但就华严、法相讲来，心佛众生，三无差别。我所靠的佛祖仍是靠的自心，比那基督教人依傍上帝，扶墙摸壁，靠山靠水的气象，岂不强得多吗？

有的说中国佛教，已经行了二千年，为甚没有效果？这是有一要点。大概各教可以分为三项：一是多神教，二是一神教，三是无神教。也如政体分为三项：一是贵族政体，二是君主政体；三是共和政体。必要经过君主政体的阶级，方得渐入共和政体；若从这贵族政体，一时变成共和政体，那共和政体必带种种贵族的杂质。必要经过一神教的阶级，方得渐入无神教，若从这多神教一时变成无神教，那无神教必带种种多神教的杂质。中国古代的道教，这就是多神教。后来佛教进来，这就是无神教。中间未经一神教的阶级，以致世人看佛，也是一种鬼神，与那道教的种种鬼神，融化为一。就是刚才所说的烧纸、拜忏、化笔、扶箕等类，是袁了凡、彭尺木、罗台山诸人所主张的。一般社会，没有一人不堕这坑中，所以佛教并无效果。如今基督教来，崇拜一神，借摧陷廓清的力，把多神教已经打破，所以再行佛教，必有效果可见的了。

有的说印度人最信佛教，为甚亡国？这又是一要点。因为印度所有，只是宗教，更没甚么政治法律。这部《摩拿法典》，就是婆罗门所撰定。从来没有政治法律的国，任用何教，总是亡国。这咎不在佛教，在无政治法律。我中国已有政治法律，再不会像印度一样。若不肯信，请看日本可不是崇信佛教的国么？可像那印度一样亡国么？

有的说佛教看一切众生，皆是平等，就不应生民族思想，也不应说逐满复汉。殊不晓得佛教最重平等，所以妨碍平等的东西，必要除去，满洲政府待我汉人种种不平，岂不应该攘逐？且如婆罗门教分出四性阶级，在佛教中最所痛恨。如今清人待我汉人，比那刹帝利种虐待首陀更要利害十倍。照佛教说，逐满复汉，正是分内的事。又且佛教最恨君权，大乘戒律都说："国王暴虐，菩萨有权，应当废黜。"又说："杀了一人，能救众人，这就是菩萨行。"其余经论，王贼两项，都是并举。所以佛是王子，出家为僧，他看做王就与做贼一样，这更与恢复民权的话相合。所以提倡佛教，为社会道德上起见，固是最要；为我们革命军的道德上起见，亦是最要。总望诸君同发大愿，勇猛无畏。我们所最热心的事，就可以干得起来了。

次说国粹。为甚提倡国粹？不是要人尊信孔教，只是要人爱惜我们汉种的历史。这个历史，是就广义说的，其中可以分为三项：一是语言文字，二是典章制度，三是人物事迹。近来有一种欧化主义的人，总说中国人比西洋人所差甚远，所以自甘暴弃，说中国必定灭亡，黄种必定剿绝。因为他不晓得中国的长处，见得别无可爱，就把爱国爱种的心，一日衰薄一日。若他晓得，我想就是全无心肝的人，那爱国爱种的心，必定风发泉涌，不可遏抑的。兄弟这话，并不像做《格致古微》的人，将中国同欧洲的事，牵强附会起来；又不像公羊学派的人，说甚么三世就是进化，九旨就是进夷狄为中国，去仰攀欧洲最浅最陋的学说，只是就我中国特别的长处，略提一二。

先说语言文字。因为中国文字，与地球各国绝异，每一个字，有他的本义，又有引申之义。若在他国，引申之义，必有语尾变化，不得同是一字，含有数义。中国文字，却是不然。且如一个天字，本是苍苍的天，引申为最尊的称呼，再引申为自然的称呼。三义不同，总只一个天字。所以有《说文》《尔雅》《释名》等书，说那转注、假借的道理。又因中国的话，处处不同，也有同是一字，彼此声音不同的；也有同是一物，彼此名号不同的。所以《尔雅》以外，更有《方言》，说那同义异文的道理。这一种学问，中国称为“小学”，与那欧洲“比较语言”的学，范围不同，性质也有数分相近。但是更有一事，是从来小学家所未说的，因为造字时代先后不同，有古文大篆没有的字，独是小篆有的；有小篆没有的字，独是隶书有的；有汉时隶书没有的字，独是《玉篇》《广韵》有的；有《玉篇》《广韵》没有的字，独是《集韵》《类篇》有的。因造字的先后，就可以推见建置事物的先后。且如《说文》兄、弟两字，都是转注，并非本义，就可见古人造字的时代，还没有兄弟的名称。又如君字，古人只作尹字，与那父字，都是从手执杖，就可见古人造字的时代，专是家族政体，父权君权，并无差别。其余此类，一时不能尽说。发明这种学问，也是社会学的一部。若不是略知小学，史书所记，断断不能尽的。近来学者，常说新事新物，逐渐增多，必须增造新字，才得应用，这自然是最要，但非略通小学，造出字来，必定不合六书规则。至于和合两字，造成一个名词，若非深通小学的人，总是不能妥当。又且文辞的本根，全在文字，唐代以前，文人都通小学，所以文章优美，能动感情。两宋以后，小学渐衰，一切名词术语，都是乱搅乱用，也没有丝毫可以动人之处。究竟甚么国土的人，必看甚么国土的文，方觉有趣。像他们希腊、梨俱的诗，不知较我国的屈原、杜工部优劣如何？但由我们看去，自然本种的文辞，方为优美。可惜小学日衰，文辞也不成个样子。若是提倡小学，能够达到文学复古的时候，这爱国保种的力量，不由你不伟大的。

第二要说典章制度。我们中国政治，总是君权专制，本没有甚么可贵，但是官制为甚么要这样建置？州郡为甚么要这样分划？军队为甚么要这样编制？赋税为甚么要这样征调？都有一定的理由，不好将专制政府所行的事，一概抹杀。就是将来建设政府，那项须要改良？那项须要复古？必得胸有成竹，才可以见诸施行。至于中国特别优长的事，欧、美各国所万不能及的，就是均田一事，合于社会主义。不说三代井田，便从魏、晋至唐，都是行这均田制度。所以贫富不甚悬绝，地方政治容易施行。请看唐代以前的政治，两宋至今，那能仿佛万一。这还是最大最繁的事，其余中国一切典章制度，总是近于社会主义，就是极不好的事，也还近于社会主义。兄弟今天，略举两项，一项是刑名法律。中国法律，虽然近于酷烈，但是东汉定律，直到如今，没有罚钱赎罪的事，惟有职官妇女，偶犯笞杖等刑，可以收赎。除那样人之外，凭你有陶朱、猗顿的家财，到得受刑，总与贫人一样。一项是科场选举。这科举原是最恶劣的，不消说了，但为甚隋、唐以后，只用科举，不用学校？因为隋、唐以后，书籍渐多，必不能像两汉的简单。若要入学购置书籍，必得要无数金钱。又且功课繁多，那做工营农的事，只可搁起一边，不能像两汉的人，可以带经而锄的。惟有律赋诗文，只要花费一二两的纹银，就把程墨可以统统买到，随口咿唔，就像唱曲一般，这做工营农的事，也还可以并行不悖，必得如此，贫人才有做官的希望。若不如此，求学入官，不能不专让富人，贫民是沉沦海底，永无参预政权的日子。这两件事，本是极不好的，尚且带几分社会主义的性质，况且那好的么？我们今日崇拜中国的典章制度，只是崇拜我的社会主义。那不好的，虽要改良；那好的，必定应该顶礼膜拜，这又是感情上所必要的。

第三要说人物事迹。中国人物，那建功立业的，各有功罪，自不必说。但那俊伟刚严的气魄，我们不可不追步后尘。与其学步欧、美，总是不能像的；何如学步中国旧人，还是本来面目。其中最可崇拜的，有两个人：一是晋末受禅的刘裕，一是南宋伐金的岳飞，都是用南方兵士，打胜胡人，可使我们壮气。至于学问上的人物，这就多了。中国科学不兴，惟有哲学，就不能甘居人下。但是程、朱、陆、王的哲学，却也无甚关系。最有学问的人，就是周秦诸子，比那欧洲、印度，或者难有定论；比那日本的物茂卿、太宰纯辈，就相去不可以道里计了。日本今日维新，那物茂卿、太宰纯辈，还是称颂弗衰，何况我们庄周、荀卿的思想，岂可置之脑后？近代还有一人，这便是徽州休宁县人，姓戴名震，称为东原先生，他虽专讲儒教，却是不服宋儒，常说“法律杀人，还是可救；理学杀人，便无可救。”因这位东原先生，生在满洲雍正之末，那满洲雍正所作朱批上谕，责备臣下，并不用法律上的说话，总说“你的天良何在？你自己问心可以无愧的么？”只这几句宋儒理学的话，就可以任意杀人。世人总说雍正待人最为酷虐，却不晓是理学助成的。因此那个东原先生，痛哭流涕，做了一本小册子，他的书上，并没有明骂满洲，但看见他这本书，没有不深恨满洲。这一件事，恐怕诸君不甚明了，特为提出。照前所说，若要增进爱国的热肠，一切功业学问上的人物，须选择几个出来，时常放在心里，这是最紧要的。就是没有相干的人，古事古迹，都可以动人爱国的心思。当初顾亭林要想排斥满洲，却无兵力，就到各处去访那古碑古碣传示后人，也是此意。

以上所说，是近日办事的方法，全在宗教、国粹两项，兄弟今天，不过与诸君略谈，自己可以尽力的，总不出此两事。所望于诸君的，也便在此两事。总之，要把我的神经病质，传染诸君，更传染与四万万人。至于民族主义的学理，诸君今日，已有余裕；发行论说、刊刻报章的事，兄弟是要诸君代劳的了。

1906年7月《民报》第6号

论中国并不保存国粹

刘师培

世之称中国者，孰不曰守旧之国哉。虽然，守旧者，必有旧可守者也，必能保存国粹者也。乃吾即今日之中国观之，觉一物一事之微，无一与古代相同者。吾得以一语而断之曰：中国并不保存国粹。试详征之。

一、音乐。音乐者，所以感人之性情，而荡涤其瑕秽者也。中国古代之乐，大抵统于八音，即金、石、丝、竹、匏、土、革、木是。如《尔雅·释乐篇》所载诸乐器是也。中国古代之音，大抵统于五声，即宫、商、角、徵、羽。十二律，阳声六，即黄钟、太蔟、姑洗、蕤宾、夷则、无射是也；阴声六，即大吕、应钟、南吕、函钟、小吕、夹钟是也。后世有律吕之学。即《周礼·太师》所载诸乐名是也，然大抵与歌诗相表里。《二南》及《豳风·七月》《小雅》正十六篇、《大雅》正十八篇，及《周颂》等诗皆入乐者也。又有房中乐、乡乐、朝廷乐、宗庙乐之分。后世以降，乐府兴而雅乐亡，如《鹿鸣》诸诗之音节，至晋而亡是也。《日知录》谓："至唐而舞亡，至宋而声亡。"匏音亡而乐器改，后世无匏音并土音，亦见《日知录》。而羌夷之乐，乃得乘其隙而易之。古代已有四夷之乐，即昧、任、侏、僸是也。试观于后世之乐歌，若《摩诃兜勒》之曲，此得之西域者也，而汉庭谱为新声；《通考》云：“张骞入西域，传其法于西京，惟得《摩河兜勒》一曲。李延年因胡曲，更造新声二十八解，乘舆以为武乐。”《鼓角横吹》之曲，此得之朔漠者也，而魏武减为《中鸣》；《通志》云：“魏武北征乌桓，涉沙漠，军士闻《鼓角横吹曲》而悲思，于是减为《中鸣》，共十五曲。”魏晋以降，古乐式微，羌胡杂扰，歌曲各殊。《通考》云：“怀帝永嘉之乱，伶官乐器皆没于刘、石。”又云：“北魏鼓乐音制，罕复传习，旧工更尽，声曲多亡。”又云：“齐祖挺上书曰，魏氏获晋乐器，不知采用，皆委弃之。”又云：“后主惟赏胡戎乐，耽乐无已。”古人谓梁、陈尽吴楚之声，周、隋皆羌胡之技，见《唐书·乐志》。岂不然哉！况且魏爱胡声，而屈茨、打沙之乐作，《通考》云：“自宣武之后，始爱胡声，洎于迁都，而屈茨、琵琶、五弦、箜篌、胡鼓、铜钹、打沙罗，胡舞铿锵镗鎝，洪心骇耳。”唐升胡部，而伊、凉、甘、渭之曲兴，自隋炀帝定九部夷乐，唐开元二十四年升胡部于堂上，而天宝乐曲皆以边地名，若凉州、伊州、甘州、渭州之类，后乃调法曲，与胡部新声合。皆见《唐书》。古代之乐章，遂悉消亡于不觉矣。即观之后代之乐器，角曰胡角，《通志》云：“角之制始于胡，中国所谓鼓角，盖习胡角而为也。”《通考》云：“铜角，高昌之乐器也。”笛曰羌笛。《说文》云：“羌笛，三孔。”《乐府杂录》云：“笛，羌乐也。”而唐人之诗，名曰《羌笛》。笳曰胡笳，《韵会小补》云：“大胡笳十八拍，小胡笳十九拍。”蔡琰有《胡笳十八拍》诗。鼓曰羯鼓，唐人小说《羯鼓录》。琴曰胡琴，《元史·礼乐志》有胡琴。管曰羌管，朱子《雪诗》云：“只愁羌管不成声。”而觱篥、段成式“觱篥格，胡人以笳角为之。”而李颀诗云：“南山截竹为觱篥，此乐本是龟兹出。”琵琶琵琶本出于胡中，马上所鼓也。李峤《琵琶诗》云：“本是胡中乐。”诸乐，大抵皆得之边夷。粗厉之音，形为乱象。言念及此，能勿悲哉！国粹之不保存者，此从一。

二、衣服。中国之服饰，以三代之制为最佳，大抵与欧西之制合。此非西人袭中国古制也。中国文明最古，故其制与欧西之制同。古代之冠，皆用冕旒，而委貌爵弁之制，系组丁颐，制如覆杯，前高广，后卑锐。与西人冠制相类。至赵国取法北胡，创武冠之制，而汉代貂蝉饰冠，实基于此。《通志》云："赵惠文冠，亦名武冠。赵武灵王效胡服，以金珰饰首，前插貂尾为贵职。又以北土多寒，胡人以貂皮温额，后代效之。"至胡元宅夏，古代之冠，遂一变而为缨笠矣。缨笠二字，始见于郑所南《心史》，又称虏笠。古代之衣，上衣下裳。与西制相合。而衣裳之外，复有深衣。即西人外套之制。其长及踝，左右平齐，方领之间，两襟相掩。即西人外套偏袒之形。证之古代礼图，固彰彰可据者也。大约古代内衣之制甚狭，惟衣装之制宽广。至后世胡服盛行，而古代衣裳之制，遂一变而为长衫短褂矣。今马褂之制，出于古代之半臂，而长衫之制实为胡服。见《陔余丛考》"马褂缺襟袍战裙"条。古代之履，上锐下平，系以组繶。今西人皮鞋皆有绳带。若靴为胡履，见《说文》。为北俗所通行。后世以降，夷祸日深，而胡俗之靴，遂浸用为朝制矣。《陔余丛考》"著靴"条云："北朝著靴，累代盛行。盖自刘、石之乱，继以燕、秦、元魏、齐、周，各从其本俗，故中土久以著靴为常服，沿及于唐，遂浸寻为朝制矣。"其说甚确。举此三条，足征衣饰之殊于古昔矣。又古人于项下有頍项，即西制之领也。而内衣之带，大抵与衣相连，皆与后世之制不同。即古代妇女之衣饰，亦与今殊。袆衣揄狄诸服，大抵上下相连，上狭下宽，其长及地。试即《列女图》观之，《三礼图》亦然。则宵衣诸饰，与日本妇女之服同；此因由日本取法古制也。鞠衣诸饰，与欧美妇女之服同。毫无异处，真可异也。后世以降，易为上衫下裙，此亦非中国固有之服，故《洪武实录》所载明太祖诏，深斥妇女两节衣为胡服。而古代妇女之衣饰亡矣。盖秦汉以来，虏汉杂处，风会所趋，浸以成俗，变胡服之制，岂仅赵王？耻椎髻之仪，不逢南越。此魏征所由隐忧，见《谏从突厥河南语》。而东城父老所由兴叹也。《东城父老记》云：“今北胡与京师杂处，娶妻生子，长安中少年有胡心。吾子视首饰华服之制，不与向同，得非服妖乎？”至金代禁用汉服，天会二年事。元代崇尚胡装，而冠带之民，遂一变而为被发左衽之民矣。

鼠衔尾而北来，鸥梳翎而东去，索虏垂制，岂不远哉！惟僧道之服，稍与古制相同。又近世持民族主义者，屏弃虏服，易以西装，而汉家官仪，遂不图于今日复见矣。国粹之不保存者，此其二。

三、宫室器具。古代宫室，固不尽平顶之制也。然明堂之制，上下四方，皆为平顶，殊无欹侧之形。与西人之宫室合。见《三礼图》及《群经宫室图》，汪氏《述学》所绘《明堂图》。而殷人重屋已有四阿。见《考工记》。四阿亦平顶也。即宫寝宫阙之形，亦大抵上方下平，与今寺观之屋宇相类。观《群经宫室用》可见。若今日宫室之制，大抵上锐下方，作欹侧之形，与张盖同。此皆由于华夷杂居，穹庐之形，历久不易，试观今日之宫室，其形式与帐篷无异，非游牧时代之制乎？而中国宫室之制，遂与之同化而不觉耳。又如席地之制，易为胡床；应劭《风俗通》云：“赵武灵王好胡服，作胡床。”然西汉之时，犹席地而坐。如《贾谊传》所谓文帝前席也。至六朝之时，桓伊据胡床弄笛，而《庾亮传》亦有胡床之名。盖胡床即今之交椅也。几筵之制，易为火坑，《日知录》云：“北人以土为床，而空其下以发火，谓之坑。”古书不载。又引《唐书·高丽传》：“冬月皆作长坑，下然煴火以取暖。”即今之土坑。是土坑亦夷制也。何一非沾染夷俗者乎？即观之中国之器具。觉兵器农器亦有由外域输入者。中国铁字，古文从夷，可知冶铁之业。为中土所本无。由石器时代易为铜器时代，由铜器时代易为铁器时代，故冶铁之用，发明最迟。冶铁之用，始于制矛。而古籍所谓二矛者，则夷矛、酋矛是也，见《考工记》。盖庐人为制矛之官。庐与卢同，当训为黑，象冶铁之色也。此外域兵器输入之始。推之骑兵之法入中国，骑兵亦北虏之制。又中国之称马也，必曰胡马、代马。而车载之制隳；炮火之法入中国，亦始于胡元。而戈矛之利失。此皆兵器之变更也。若农器之用，虽多中国所发明，然铁齿耙土，亦东夷输入之法也。《涌幢小品》云："中国耕田必用牛，若铁齿耙土，乃东夷掳罗国之法，今江南多用之。"若兵器农器而外，四裔之物，亦有输入中国者。若木棉为东南夷之产，见《三国·东夷传》《梁书·林邑传》，而中国多用之。此皆外域物产输入之证。按之古籍，历历可征。此欧亚通商以来，中国之器物所由多废弃不用也。大约中国人多喜新厌故，并无保守之性质。观鸦片之吸食，烟草之广植，而知中国古代之沾染恶俗，亦犹是矣。国粹之不保存者，此其三。

四、礼俗言文。凡国之所以成立者，必有一国特别之礼俗。中国之礼俗，虽多沿古初之制，然丧礼七七之制，始于胡魏；《北史》记胡国珍死，魏明帝为举哀，诏自始薨至七七，皆为设千僧斋，斋令七人出家；阉人孟栾死，灵太后于其七日设二百斋僧。《北齐书》记南阳王死，每至七日，孙灵辉请设斋。赵瓯北谓七七之制起于魏、齐，讵不然哉？火葬之制，本于天竺，见《日知录》及《陔余丛考》，乃沿印度之葬礼者也。则亦非中国固有之俗矣。又如十二辰虫之说，即俗说所谓十二属。虽相沿已久，然溯其起源，亦大抵起于北俗，《陔余丛考》云："十二辰之说，纷纷不定，然未有推其所以然者。窃以为此本尤甚意义，古人但取以纪年月而已。陆深《春风堂随笔》谓本起于北俗，此说较为得之。"又引《唐书·黠戛斯传》之虎年，《宋史·吐番传》之兔年、马年，《辍耕录》之龙年，以证北俗无子、丑、寅、卯十二辰，但以鼠、牛、虎、兔之类分记岁时，流行中国，遂相沿不废。其说甚确。故《元秘史》亦有兔儿年、虎儿年之语。此则由汉末传入中国者也。亦见《陔余丛考》。盖礼俗既迁，故言语亦随之而异。如可汗为夷虏君长之称，可汗即汉字。而刘武周等之割据，则亦袭可汗之称矣；刘武周称定扬可汗，即唐朝之君亦有自称天可汗者。守捉为异域屯戍之称，而唐朝之边城，则亦用守捉之名矣；唐以守捉为边地小城戍之称，见《唐书·地理志》。巴图鲁为胡中勇士之称，元人之称把都，亦作巴鲁，即巴图鲁之转，乃夷语所谓猛士也。而近日汉民任武职者，亦且赐巴图鲁之号矣，章京二字亦然。此皆夷语之输入中国者也。又如梵音东被，佛典流传，而中国人士之袭用其语者，或播之于词章，如刹那、招提等语是。或著之于语录，如真空、妙谛、常惺惺等语。则亦西人所谓外来语也。其尤可异者，异族乱夏，民习于夷，改姓易氏，献媚虏酋，大约以北周及金元之人为最众，见《通志·氏族略》"变于夷"条及《陔余丛考》。而鲜卑、契丹之言，遂传播于士大夫之口矣。如《颜氏家训》："见有一士人，令其子习鲜卑语，可以事贵。"人民之无耻，至此而达极点矣。以野蛮之语言，代中邦之文字，彼虏主之扩张势力者，遂欲抑汉文而崇虏文矣，元时凡诏令皆用蒙古字，即俄人欲废波兰文之意也。可不哀哉！国粹之不保存者，此其四。

由是观之，则今日之中国，岂犹有国粹之存耶。或谓事物之理，变动不居，改弦更张，古人所重。然按之中国之制，则非合进化之公理者也。

盖外族交侵，与民杂处，致古代流风遗俗，悉消灭于无形。昔卫效夷言，杞用夷礼，皆为《春秋》所贬绝。今中国人民，以用夷变夏为大戒，岂知由古迄今，无一非用夷变夏之日耶！吊铜驼于荆棘，京洛凄凉；度胡马于关山，燕云望断。言念及此，能勿凄然？此古人所由虑夷患也。

1904年6月22—25日《警钟日报》

国学真论

邓实

邓子曰：痛夫悲哉！吾中国之无国学也。夫国学者，别乎君学而言之。吾神州之学术，自秦汉以来，一君学之天下而已，无所谓国，无所谓一国之学。何也？知有君不知有国也。近人于政治之界说，既知国家与朝廷之分矣。而言学术，则不知有国学君学之辨，以故混国学于君学之内，以事君即为爱国，以功令利禄之学，即为国学，其乌知乎国学之自有其真哉？是故有真儒之学焉，有伪儒之学焉。真儒之学，只知有国；伪儒之学，只知有君。知有国则其所学者，上上千载，洞流索源，考郡国之利病，哀民生之憔悴，发愤著书，以救万世，其言不为一时，其学不为一人，是谓真儒之学。若夫伪儒者，所读不过功令之书，所业不过利禄之术，苟以颂德歌功，缘饰经术，以取媚时君，固宠图富贵而已。

邓子曰：悲夫！吾中国国学之真之失，殆久矣乎！自《周礼》一书，有师、儒之名。师以传经，是曰经师；儒以传道，是曰儒家。东周之季，《周礼》在鲁，孔子删定六经，彰明四教，兼备师儒。其后弟子，一传其六艺之学，流为经师，一传其用世之学，流为儒家。周秦之间，经儒分途。经师抱残守缺，不求利禄。儒家学古入官，志在用世。班固述《艺文志》，以周秦汉初诸经师，录入《儒林传》，而以《论语》《孝经》录入《六艺略》中，由是经儒始不别，而通经致用之说乃兴。故有谓经义苟明，取青紫如拾芥；有以明经为三公，自矜稽古之荣者。经儒之派既分，于是而国学君学遂一混而不可分。吾观周秦间大师，类能以所学匡正时君之失，裁抑君权，申明大义，无所于畏。漆雕子无严于诸侯，段于木田子方不屈于势利，鲁仲连布衣之士，义不帝秦，此秦以前之学，无愧其为国学之真也。自秦政焚书，以吏为师，骊山种瓜，惨然一压，诸生拜为郎者七百人，终乃无声，而君学之统以成，国学之统以绝。故太史公曰六艺从此缺焉，伤经师一派之学微也。

汉尊儒术，叔孙通制朝仪，假儒术以尊天子。汉武表章六艺，公孙宏以《春秋》白衣为天子三公。申公以学显，其弟子行虽不备，而至于大夫郎中掌故以百数。太史公曰：自此以来，公卿大夫士吏，斌斌多文学之士矣。盖自汉武罢黜百家，惟儒家一派，独为时君所尊崇。然而儒家之宗旨，则以求仕待用为其职志者也。《荀子·王伯》篇曰“论德使能而官施之者，圣王之道也，儒者之所谨守也”；《儒效》篇曰“大儒者天子三公也”，杨注其才堪王者之佐也。是儒者之所志，不过入官为三公耳；郑君《三礼目录》曰，“儒之言优也，柔也，其与人交接，常能优游”；《艺文志》说儒家曰，“辟者随时俯仰，远离道本。苟以哗众取宠，是故优游俯仰，而为进身之阶”，正辟儒善行之术。叔孙通责弟子，谓若真鄙儒，不知时变。而荀子则曰时绌而绌，时伸而伸。是以知儒之为儒，惟在湛心荣利，苟以趋时而已。时之所尚，利禄之所在，即不惜迁就其生平之所学，以腴媚时君。如以董仲舒之贤，而春秋灾异之说，为天子所忌，则不敢复言。儿宽贫时，以治《尚书》，为张汤援古法，决大狱，比为三公，则承意从容，无取匡救。下至公孙宏、孔光之徒，无不曲学阿世，以保富贵，则其时君学之盛行可知矣。班固曰武帝立五经博士，开弟子员，设科射策，劝以官禄，传业者浸盛，一经说至百余万言，大师众至千余人，盖利禄之路然也。岂不然哉？降及王莽，引经文以文奸言，而颂莽功德者，至十余万人，剧秦美新，乃出于拟圣之扬雄，甘受莽大夫之恶名而不恤。及光武以符箓受命，崇尚谶纬，颁为功令，一二陋儒，缘饰经文，杂糅谶纬，以工谀献媚。贾逵以左氏有刘为尧后之文，遂请立学。何休以公羊获麟，为汉受命之符。而六艺遗文，一若专为颂飏君王之具，又何怪其后之私行金货，改定兰台漆书，以合私文者之纷纷乎？

呜呼！盖自秦至汉，神州几尽为君学之天下。然而国学尚有一线之延者，则赖鲁两生徵议朝仪而不为屈，郑君比牒并名，早为宰相，毋失其素风。一二在野经生，独抱遗经，甄明古学。故至汉之末造，而党锢独行之徒，乃能维持清议，裁量执政，义形于色，舍命不渝。松柏后凋于岁寒，鸡鸣不已于风雨，别国学于君学之内，而独树一帜，岂非神州之光哉！

顾亭林曰：东京之末，节义衰而文章盛，自蔡邕始。其仕董卓无守，卓死惊叹无识。观其生平滥作碑颂，则平日为人可知。降及三国，王符、崔寔、阮武、姚信之徒，咸以法家辅儒学，崇尚法术，以尊君而抑民，而法家之惨缴寡恩，已开放弃礼法之先路。流至魏晋，士皆慕通达而尚清谭，惟求仕进，不顾廉耻。嵇绍被杀父之仇，而山涛荐之入仕，大义不明，以至相率臣于刘聪、石勒，观其故主青衣行酒，而无所动，则人心风俗之坏，至正始而极矣。盖自永嘉之乱，旧经家法尽亡，人师难求，诸儒乃尽弃其经典，而遁于老庄之学。虽其清净寂灭，遗弃事功，殊非热中君学之比，而实则篡弑频仍，争夺无厌。羌戎互僭，君臣屡易，神州陆沉，而国学之销亡亦尽矣。北魏君臣，伪崇儒学，建学官，用经生，无非为笼络士民之计。隋文统一，因九品中正之弊，官人之法，悉重明经、进士诸科，复建立黉序，徵辟儒生。一时承其风者，无不熏心于时王之功令，舍诗赋词章，无所谓学。虽有文中子讲明圣学于野，而其徒则且纡青拖紫，自诩为佐命元勋矣。唐撰《正义》，而中邦学术统一之局成。孔冲远奉一王之令，守一家之说，弃河朔之朴学，尚江左之浮谈，书《易》则屏郑家，《春秋》则废服义，举一废百，颁之天下，以为程式。凡试明经，悉衷正义，是驱天下士民，群趋于功令之一途，使天下学术非定于一尊不止，岂非学术之专制欤？宋承唐弊，以科举取士，故《朱子语录》谓，“朝廷欲克复两京，非停三十年科举不可”。可知其时士人沉溺科举之深，故以朱子之隐居读书，闭门讲学，而人主且悬为道学之禁。元儒翳学，吴许之徒，靦然享大牢之奉，而受青史之称，则不特曲学以媚时君，而且曲学以媚外族矣。明祖以八比取士，复辑五经四书大全，颁之学宫，悬为功令，以守宋儒之学为宗，士之空疏极矣。黄梨洲曰："明人讲学，袭语录之糟粕，不以六经为根柢"。钱大昕曰："自宋以经义取士，守一先生之说，而空疏不学者，皆得名为经师，至明季而极。"故《明史·儒林传》谓："二百七十余年间，未闻以专门经训名家者，经学非汉唐之专精，性理袭宋元之糟粕。"

论者谓科举盛而儒术微，殆其然乎。嗟乎！此科举之学所以至明而极弊也。夫自汉立五经博士，而君学之统开。隋唐以制科取士，而君学之统固。及至宋明，士之所读者，功令之书，所学者，功令之学。遥遥二千年，神州之天下，一君学之天下而已，安见有所谓国学者哉？虽然国无学则国不存，吾国绵绵延延以至于今者，实赖在周有伯夷，在秦有仲连，在汉有两生，在东汉有郑康成，而在晚明有黄梨洲、顾亭林、王船山、颜习斋、孙夏峰、李二曲诸先生之学为一线之系也。今数先生之风日微矣，而天下尚趋于设科射策营营荣利而未有已。是故汉之博士，一科举也；唐之诗赋，一科举也；明之八比，一科举也；今之学堂考试，亦一科举也。不尽去其富贵利禄急功近名之见，而为独立远大之学，徒斥斥于朝廷之趋向以为转移，而曰我学也，乌得而冒国学之名而为国士哉？

1907年2月《国粹学报》第3卷第2期

《国粹学报》叙

黄节

吾国得谓之国矣乎？曰：不国也。社会莫不始于图腾，继以宗法，而成于国家者也。吾学得谓之学矣乎？曰：不学也。万汇莫不统于逻辑，阐为心理，而致诸物质者也。呜呼！悲夫！四彝交侵，异族入主，然则吾国犹图腾也，科学不明，域于元知。然则吾学犹未至于逻辑也，奚以国奚以学为？呜呼！悲夫！溯吾称国之始，则肇自唐虞，蚩尤作甲兵，始伐黄帝。至于夏殷周，而苗祸亘千百年。然则唐虞之称国也，吾以见民族之棼焉。呜呼！悲夫！溯吾学派之衰，则源于嬴秦。始皇烧诗书百家语，藏书博士，窒塞民智。至于汉武立博士于学官，罢黜百家，以迄刘歆，则假借君权，窜乱经籍，贼天下后世。然则秦皇汉武之立学也，吾以见专制之剧焉，民族之界夷。专制之统一而不国，而不学，殆数千年。呜呼！奚至于今而始悲也？春秋楚人执宋公以伐宋，宋公谓公子目夷曰："子归守国矣，国子之国也。"公子目夷复曰："君虽不言国，国固臣之国也。"是故对于外族则言国，对于君主则言国，此国之界矣。国界不明，诸夏乃衰。简书不恤，京师吴楚，以至会申楚伯，淮夷不殊，则吾国对外族之界亡矣。汉兴，黄生与辕固生论汤武受命而曰："冠虽敝，必加于首。履虽新，必贯于足。"申桀纣而屈汤武，孝景知其非，然犹曰言学者毋言汤武受命不为愚，则吾国对君主之界亦亡矣。呜呼！国界亡则无学，无学则何以有国也？吾登高西望，帕米尔高原而东，喜马拉山脉而北，滔滔黄河，悠悠大江，熙熙乎田畴都市，宅于是间者，乃不国乎？而吾巴克之族，犹足以自立。黄帝尧舜禹汤文武周公孔子之学，犹足以长存。则奈何其不国也？奈何其不学也？

悲夫痛哉！风景依然，举目有江河之异。吾中国之亡也，殆久矣乎！栖栖千年间，五胡之乱，十六州之割，两河三镇之亡，国于吾中国者，外族专制之国，而非吾民族之国也。学于吾中国者，外族专制之学，而非吾民族之学也。而吾之国之学之亡也，殆久矣乎。是故以张宾为长史，而执大法于石胡之朝以许衡为祭酒，而定朝仪于蒙古之族。识者痛焉，以其以中国民族而外辱专制之奴，而又出所学以媚之也。国界亡而学界即亡也。持是以往，萃汉宋儒者之家法，而蝇蝇于十三经、二十四史、诸子百家之文，罔亦该博焉，而国日蹙，而民日艰，而种族日淆，而伦理日丧乱。一睆乎泰西诸国之政之法之艺之学，则以为非先王之道而辞而辟之，辟之而不足以胜之也。一袭乎泰西诸国之政之法之艺之学，则以为非中国所有面貌而袭之，袭之而仍不足以敌之也。则还而质诸吾国何以无学，吾学何以不国，而吾之国之学，何以逊于泰西之国之学，则懵然而皆莫能言。呜呼！微论泰西之国之学，果足以俾吾与否？而此懵然莫能言之故，则足以自亡其国而有余，是亦一国之人之心死也。

立乎地圜而名一国，则必有其立国之精神焉，虽震撼掺杂而不可以灭之也。灭之则必灭其种族而后可，灭其种族则必灭其国学而后可。昔者英之墟印度也，俄之裂波兰也，皆先变乱其言语文学，而后其种族乃凌迟衰微焉。迄今过灵水之滨，瓦尔省之郭，婆罗门之贵种，斯拉窝尔之旧族，无复有文明片影，留曜于其间，则国学之亡也。学亡则亡国，国亡则亡族。吾国之国体，则外族专制之国体也；吾国之学说，则外族专制之学说也。以外族专制，自宋季以来频繁复杂，绵三四纪，学者忘祖宗杀戮之惨，狃君臣上下之分，习而安之，为之润饰乎经术，黼黻乎史裁，数百年于兹矣。一旦海通，泰西民族群至，以吾外族专制之黑暗，而当共和立宪之文明，相形之下优劣之胜败立见也，则其始慕泰西。甲午创后，骇于日本。复以其同文地迩，情洽而收效为速也，日本遂夺泰西之席，而为吾之师，则其继尤慕日本。呜呼！亡吾学者不在泰西而在日本乎！何也？日本与吾同文而易淆也。譬之生物焉，异种者虽有复杂，无害竞争。惟同种而异类者，则虽有竞争，而往往为其所同化。泰西与吾异种者也，日本与吾同种而异类者也，是故不别日本，则不足以别泰西。然不别吾累朝外族专制之朝廷，则又何以别日本？夫吾累朝外族专制之朝廷，固皆与吾同种而异类者也，亡吾国吾学者也。《易》曰："其亡其亡，系于苞桑。"又曰："樽酒簋贰用缶，纳约自牖。"呜呼！今日黄冠草履，空山歌苦，语吾国语，文吾国文，哀声悲吟，冀感发吾同族者，盖仅仅见也。过此以往，声消响绝，虽复布福音，兴豪摩尼司脱、习希塞洛瓦其儿之文字而已，非吾巴克之族，黄帝尧舜禹汤文武周公孔子之学矣。悲夫！

虽然，巴克之族，黄帝尧舜禹汤文武周公孔子之学，其为布帛菽粟，而无待于他求者伙矣。其为夏鼎商彝，而无资于利用者，庸讵乏焉？则是吾学界不能无取诸日本泰西亦势也。有地焉，蓬蒿棘榛，郁勃蹊径，甚矣其荒也。而吾为之刈夷而蕴崇之，缭以周垣，树以嘉木，不数年葱茏蔚森矣。夫地之宜于植也，其生是嘉木，犹其生是棘榛也。盖宜于植者是地也，因其宜于植而移嘉木以植之，或滋兰焉，或树橘焉，则焕然秀发者，虽非前日之所有，而要之有是地然后有是华，不得谓非是地之华也。何也？国固吾国也，学即吾学也，海波沸腾，宇内士夫，痛时事之日亟，以为中国之变，古未有其变，中国之学，诚不足以救中国。于是醉心欧化，举一事革一弊，至于风俗习惯之各不相侔者，靡不惟东西之学说是依。慨谓吾国固奴隶之国，而学固奴隶之学也。呜呼！不自主其国，而奴隶于人之国，谓之国奴；不自主其学，而奴隶于人之学，谓之学奴。奴于外族之专制固奴，奴于东西之学说，亦何得而非奴也！

同人痛国之不立，而学之日亡也，于是瞻天与火，类族辨物，创为《国粹学报》一编，以告海内曰：昔者欧洲十字军东征，驰贵族之权，削封建之制，载吾东方之文物以归。于时意大利文学复兴，达泰氏以国文著述，而欧洲教育遂进文明。昔者日本维新，归藩覆幕，举国风靡，于时欧化主义，浩浩滔天。三宅雄次郎、志贺重昂等，撰杂志，倡国粹保全，而日本主义，卒以成立。呜呼！学界之关系于国界也如是哉。宋之季也，其民不务国学，而好为蒙古文字语言，至名其侈辞以为美，于是而宋亡。普之败于法也，割雅丽司来罗因以和，而其移民，眷眷故国，发为诗歌，不忘普音，于是而普兴。国界之兴亡于学界也又如是哉。夫国学者，明吾国界以定吾学界者也。痛吾国之不国，痛吾学之不学，凡欲举东西诸国之学，以为客观，而吾为主观，以研究之，期光复乎吾巴克之族，黄帝尧舜禹汤文武周公孔子之学而已。然又慕乎科学之用宏，意将研究为实施之因，而以保存为将来之果，悬界说以定公例。而又悲乎言之无文行而不远，意将矫象胥之失，而不苟同伊缓大卤之名，期光复乎吾巴克之族，黄帝尧舜禹汤文武周公孔子之学而已。呜呼！雄鸡鸣而天地白，晓钟动而魂梦苏。天下志士其有哀国学之流亡者乎？庶几披涕以读而为之舞。

1905年1月25日《国粹学报》第1卷第1期

《国学丛刊》序

王国维

学之义不明于天下久矣。今之言学者，有新旧之争，有中西之争，有有用之学与无用之学之争。余正告天下曰：学无新旧也，无中西也，无有用无用也。凡立此名者，均不学之徒，即学焉而未尝知学者也。

学之义广矣。古人所谓学，兼知行言之，今专以知言，则学有三大类，曰科学也，史学也，文学也。凡记述事物而求其原因、定其理法者，谓之科学；求事物变迁之迹而明其因果者，谓之史学；至出入二者间而兼有玩物适情之效者，谓之文学。然各科学有各科学之沿革，而史学又有史学之科学。如刘知幾《史通》之类。若夫文学，则有文学之学如《文心雕龙》之类焉，有文学之史如各史文苑传焉。而科学、史学之杰作，亦即文学之杰作。故三者非斠然有疆界，而学术之蕃变，书籍之浩瀚，得以此三者括之焉。凡事物必尽其真而道理必求其是，此科学之所有事也。而欲求知识之真与道理之是者，不可不知事物道理之所以存在之由与其变迁之故，此史学之所有事也。若夫知识、道理之不能表以议论而但可表以情感者，与夫不能求诸实地而但可求诸想象者，此则文学之所有事。古今东西之为学，均不能出此三者。惟一国之民，性质有所毗，境遇有所限，故或长于此学而短于彼学；承学之子，资力有偏颇，岁月有涯涘，故不能不主此学而从彼学，且于一学之中又择其一部而从事焉。此不独治一学当如是，自学问之性质言之，亦固宜然。然为一学，无不有待于一切他学，亦无不有造于一切他学。故是丹而非素，主入而奴出，昔之学者或有之，今日之真知学、真为学者，可信其无是也。

夫然，故吾所谓学无新旧、无中西、无有用无用之说，可得而详焉。何以言学无新旧也？夫天下之事物，自科学上观之与自史学上观之，其立论各不同。自科学上观之，则事物必尽其真而道理必求其是。凡吾智之不能通而吾心之所不能安者，虽圣贤言之有所不信焉，虽圣贤行之有所不慊焉。何则？圣贤所以别真伪也，真伪非由圣贤出也；所以明是非也，是非非由圣贤立也。自史学上观之，则不独事理之真与是者足资研究而已，即今日所视为不真之学说、不是之制度风俗，必有所以成立之由与其所以适于一时之故。其因存于邃古而其果及于方来，故材料之足资参考者，虽至纤悉不敢弃焉。故物理学之历史，谬说居其半焉；哲学之历史，空想居其半焉；制度风俗之历史，弁髦居其半焉；而史学家弗弃也。此二学之异也。然治科学者，必有待于史学上之材料；而治史学者，亦不可无科学上之知识。今之君子，非一切蔑古，即一切尚古。蔑古者，出于科学上之见地而不知有史学；尚古者，出于史学上之见地而不知有科学。即为调停之说者，亦未能知取舍之所以然。此所以有古今新旧之说也。

何以言学无中西也？世界学问不出科学、史学、文学。故中国之学，西国类皆有之；西国之学，我国亦类皆有之。所异者，广狭疏密耳。即从俗说，而姑存中学、西学之名，则夫虑西学之盛之妨中学，与虑中学之盛之妨西学者，均不根之说也。中国今日实无学之患，而非中学、西学偏重之患。京师号学问渊薮，而通达诚笃之旧学家，屈十指以计之，不能满也。其治西学者，不过为羔雁禽犊之资，其能贯串精博，终身以之如旧学家者，更难举其一二。风会否塞，习尚荒落，非一日矣。余谓中、西二学，盛则俱盛，衰则俱衰。风气既开，互相推助。且居今日之世，讲今日之学，未有西学不兴，而中学能兴者；亦未有中学不兴，而西学能兴者。特余所谓中学，非世之君子所谓中学；所谓西学，非今日学校所授之西学而已。治《毛诗》《尔雅》者，不能不通天文博物诸学；而治博物学者，苟质以《诗》《骚》草木之名状而不知焉，则于此学固未为善。必如西人之推算日食，证梁虞劆、唐一行之说，以明《竹书纪年》之非伪，由《大唐西域记》以发见释迦之支墓，斯为得矣。故一学既兴，他学自从之，此由学问之事，本无中、西，彼鳃鳃焉虑二者之不能并立者，真不知世间有学问事者矣。

顾新旧、中西之争，世之通人，率知其不然，惟有用、无用之论，则比前二说为有力。余谓凡学皆无用也，皆有用也。欧洲近世农、工、商业之进步，固由于物理、化学之兴。然物理、化学高深普遍之部，与蒸气、电信有何关系乎？动植物之学，所关于树艺、畜牧者几何？天文之学所关于航海、授时者几何？心理社会之学，其得应用于政治、教育者亦尠。以科学而犹若是，而况于史学、文学乎？然自他面言之，则一切艺术，悉由一切学问出。古人所谓不学无术，非虚语也。夫天下之事物，非由全不足以知曲，非致曲不足以知全。虽一物之解释，一事之决断，非深知宇宙人生之真相者，不能为也。而欲知宇宙、人生者，虽宇宙中之一现象，历史上之一事实，亦未始无所贡献。故深湛幽渺之思，学者有所不避焉；迂远繁琐之讥，学者有所不辞焉。事物无大小，无远近，苟思之得其真，纪之得其实，极其会归，皆有裨于人类之生存福祉。己不竟其绪，他人当能竟之；今不获其用，后世当能用之，此非苟且玩愒之徒，所与知也。学问之所以为古今、中西所崇敬者，实由于此。凡生民之先觉，政治教育之指导，利用厚生之渊源，胥由此出，非徒一国之名誉与光辉而已。世之君子可谓知有用之用，而不知无用之用者矣。

以上三说，其理至浅，其事至明，此在他国所不必言，而世之君子犹或疑之，不意至今日而犹使余为此哓哓也。适同人将刊行《国学杂志》，敢以此言序其端。此志之刊，虽以中学为主，然不敢蹈世人之争论，此则同人所自信，而亦不能不自白于天下者也。

作于1911年，而《国学丛刊》未果

今日之国学论

钱基博

太史公曰:“儒者断其义,驰说者骋其辞,不务综其终始。”见《史记·十二诸侯年表》序。呜呼!此今日学者之大患也!《易·系辞》不云乎“圣人有以见天下之动而观其会通”?见《周易·系辞上传》。此“穷神知化”,所以称“德之盛”也!今夏杜门侍亲疾,里子弟不废学,请业者踵至。因为讲说,发难树义,亦欲以究切情要,箴砭时弊。班固有言曰:“惑者既失精微,而辟者又随时抑扬,违离道本,苟以哗众取宠。后进循之,是以五经乖析,儒学浸衰。此辟儒之患。”见《汉书·艺文志·诸子略》。宁独见于汉世哉!于是董理厥指,条为三事:一曰国学正名;二曰国学之两主义;三曰言国学者以何种主义为宜?著于篇,为成学治国闻者考鉴焉。大雅君子,尚哀吾意!

一、国学正名

必先知“学”之含义,而后可与言国学。试条析而竟其义:

（一）何谓“学”。按学之为言“觉”也。《说文·教部》：“斆，觉悟也。从教，从冂。冂，尚矇也。臼声。学，篆文斆省。”《白虎通·辟雍》篇：“学之为言觉也。”“所以疏神达思，怡情理性，圣人之上务也。民之初载，其矇未知；譬如宝在乎玄室，有所求而不见，白日昭焉，群物斯辨矣。学者心之白日也。人心必有明焉，必有悟焉，如火得风而炎炽，如水赴下而流速，斯大圣之学乎神明而发乎物类也。”采徐幹《中论·治学》篇。“君子博学而日三省乎己，则知明而行无过矣。”见《荀子·劝学》篇。唯“觉”斯征“学”，唯“学”乃臻“觉”。是故言学者不可不知“义”“数”之辨：知之者觉；昧之者愚也。何以言其然？《荀子·劝学》篇曰，“学恶乎始？恶乎终？曰：其数则始乎诵经，终乎读礼；其义则始乎为士，终乎为圣人。古人言学以圣为归。圣者，大觉至通之称。《庄子·天运》篇曰圣也者，达于情而遂于命也”。《说文·耳部》：“圣，通也”。《白虎通·圣人》篇：“圣者，通也”。真积力久则人，学至乎没而后止也。故学数有终，若其义则不可须臾舍也。为之，人也；舍之，禽兽也。”此知“义”与“数”之辨者也。《汉书·艺文志》曰：

> 古之学者耕且养，三年而通一艺，存其大体，玩经文而已；是故用日少而畜德多，三十而五经立也。后世经传既已乖离，博学者又不思多闻阙疑之义，而务碎义逃难，便辞巧说，破坏形体；说五字之文，至于二三万言，后进弥以驰逐，故幼童而守一艺，白首而后能言；安其所习，毁所不见，终以自蔽。此学者之大患。

此不知“义”与“数”之辨者也。於戏！让清乾嘉已还，学者方承惠栋、戴震诸老之遗风，袭为一种考据琐碎之学，辨物析名，梳文栉字，刺经典一二字，解说或至数千万言，繁称杂引，号曰汉学。群流和附，坚不可易，于是专求古人名物、制度、训诂、书数，以博为量，以窥隙攻难为巧，若舍是不足与于“学”者！庸讵知汉学之所谓名物、制度、训诂、书数者，荀子之所谓“学数有终”，而无当于“不可须臾舍”之“义”也乎？古人为学以畜德，贯其义也，后儒讲学以驰徒说，逐于数也。虽然，荀子不云乎：

> 君子之学也，入乎耳，箸乎心，布乎四体，形乎动静，端而言，蠕而动，一可以为法则。小人之学也，入乎耳，出乎口，口耳之间则四寸耳。曷足以美七尺之躯哉！（《荀子·劝学》篇）

此“觉”与“不觉”之别，君子、小人之分也。不可不深察，不可不熟虑！

（二）何谓国学。国学之一名词，质言其义曰“国性之自觉”云尔！国于天地，必有与立。而人心风俗之所系，尤必先立乎其大，深造而自有得，相以维持于不敝。其取之他国者，譬之雨露之溉，土壤之壅，苟匪发荣滋长之自有具，安见不求自得而外铄我者之必以致隆治，扬国华也耶！是故国学之所为待振于今日，为能发国性之自觉，而俾吾人以毋自暴也。吾生四十年，遭逢时会，学术亦几变矣。方予小弱，士大夫好谈古谊，足己自封，其梯航重译通者，胥以夷狄遇之，而诩然自居为中国，以用夷变夏为大戒，于外事一不屑措意。此一时也。“风气渐通，士知弇陋为耻。西学之事，问途日多。然亦有一二巨子，訑訑然谓彼之所精，不外象数形下之末，彼之所务，不越功利之间，逞臆为谭，不咨其是。讨论国闻，审敌自镜之道，又断断乎不如是也。”采严复《天演论》序。此又一时也。既世变日亟，国人晓然于积弱，则又以为中国事事不如人，旧学浸以放废！于是“家肆右行之书，人诩专门之选，新词怪谊，柴口耳而滥简编；向所谓圣经贤传，纯粹精深，与夫通人硕德，穷精敝神，所仅得而幸有者，盖束阁而为鼠蠹之久居矣。”采严复《涵芬楼古今文钞》序。然而行之二十年，厥效可睹：衡政，则民治徒为揭帜，而议士弄法不轨，武人为于大君；论教，则欧化袭其貌似，而上庠驰说不根，学生自名天骄。横流所极，纪纲何存。欲求片词支义，足以维系一国之人心者而渺不可得。国且不国，何有于治！於戏！古谚有之曰“橘逾淮化为枳也”，况于谋人之国，敷政播教；将谓树一国之人文，而可以移植收其全功者乎！此必不可得之数也，其效则既可睹矣。此又一时也。大抵自予之稚以逮今日，睹记所及，其民情可得而言：其始足己而自多，后乃蔑己以徇人。然见异思迁者，徒见人之有可法，而不知国性之有不可蔑。而足己自多者，又昧人之有可法，而不知国性之有不尽适。二者之为蔽不同，而失之国性之不自觉则均！是故言“国性之自觉”者，必涵二谛而义乃全：

一曰“必自觉国性之有不可蔑”。昔罗马大哲尝作诗歌以大诰于国曰：

> 前车非远，希腊所程猗，希腊之花，昔何荣猗？彼昏不知，狎侮老成猗；黩其明神，薄其典型猗；万目异色，群耳无正声猗；纲绝纽解，人私自营猗；累世之业，黯

其沉冥猗。皆嗟我国人，能勿惩猗。（采梁启超译，见《庸言报》第一卷第一号《国性》篇）

嗟乎！吾每诵此而感不绝于予心也。倘一国之人，自上而下，不复自知我国历史久长之难能，文化发扬之可贵，本实已拨，人奋其知，自图私便，则国与民之所恃以抟系于不坏散者，仅法律权力之有强制，生命财产之受保障耳！于精神意志之契合何有！一旦敌国外患之强有力者临之，但使法律权力，足以相制，生命财产，足以相保，而蚩蚩者氓，只如驯羊叩狗，群帖焉趋伏于敌人之足下已耳！古今之亡国者，未或不由是也！倘有国之人焉，胚胎于前光，歌诵其历史，涵濡其文化，浃肌沦髓，深入人心，人心不同，而同于爱国；如物理学之摄力，抟挠一国之人，而不致有分崩离析之事也；如化学之化合力，溶冶国人，使自为一体，而示异于其他也。然后退之足以自固壁垒，一乃心，齐乃力，外御其侮，而进焉则发挥光大之，以被于全人类而为邦家之光！此国性自觉之第一义也。

一曰“必自觉国性之有不尽适”。吾国立国于大地者五千年，其与我并建之国代谢以尽者几何，而我乃如鲁灵光巍然独存。虽中间或被夷虏，为国大厉；而渐仆渐起，不旋踵而匡复故物，还我河山，歌斯哭斯以聚国族于斯，其国性之养之久而积之厚也。其入人之深也，此不待言而自解也。然树艺积久而必萎，国性积久而有窳。时移势迁，有不适者，故曰“文久而息，节族久而绝。守法数之有司极礼而褫”。见《荀子·非相》篇。又曰“礼时为大”，见《礼记·礼器》。因时制宜，宁容墨守。非有所矫，不能图存，固也。如人性然，变化气质，增美释回，君子道在修身，何莫不然！然而不可不知者：国性，可助长而不可创造也，可改良而不可蔑弃也。倘如“戕贼杞柳以为杯棬”，见《孟子·告子上》。杯棬未成而杞柳先戕，庸杞柳之所利为之乎！然则斫丧国性以致富强，富强未致而国性先坠，庸国人之所利为之乎！即中知，固知其不利矣。於戏！晚近以还，欧化东渐，国人相竟以诏。浅尝之士，于所学曾未深求，辄捃摭所闻西事以自矜诩，蕲欲措诸施行；而仁义道德之传自往昔，为人生所必由，古今中外莫能易，操之则存，舍之则亡者，则或以其中国老生常谈，放言高论，务摧灭之以为快！人心不安于淡定，国事日征其蜩螗。贪冒淫侈以为文明，弱肉强食为公理，生心害政，以若所为，而曰“强国救群之道在是”，譬于饮鸩而救渴。吾见渴之未救而大命已倾，国之未强而人心先坏。安其危而利其灾，所谓“强国救群之道”，果如是乎！然则国学所为待振于今日者，为能发国性之自觉，而俾吾人以毋自暴也！伯尔君子，尚顾名思义而知所从事焉！

二、国学之两主义

吾观荀子劝学，兼综“数”“义”。以为“其数则始乎诵经，终乎读礼，其义则始乎为士，终乎为圣人。”见《荀子·劝学》篇。“全之尽之，然后学者也。君子知夫不全不粹之不足以为美也，故诵数以贯之，思索以通之，为其人以处之。”见《荀子·劝学》篇。则是荀子劝学，贯“义”与“数”而一之，彻始彻终，非二物也。后儒则离“义”与“数”而二之。譬如耳目口鼻，皆有所明，不能相通。有陈其“数”而疏于“义”者，有明其“义”而遗乎“数”者。将以便举称，明殊指，为之题目，昭其涵容：一曰“人文主义”，一曰“古典主义”。

“人文主义”者，以为国学之大用，在究明“人之所以为人之道”，而以名物考据为琐碎。此明其“义”而遗乎“数”者也。

“古典主义”者，以为国学之旨趣，在考征“古之所以为古之典章文物”，而以仁义道德为空谈。此陈其“数”而疏于“义”者也。

此之谓“国学之两主义”也。国之有学，非一日矣！竖尽往古，亘极来今，盖亦有其变迁递嬗之迹可举者焉。庄生有言曰：“孰主张是？孰维纲是？孰居无事推而行是？”见《庄子·天运》篇。事实之所诏我，实以两主义相摩相荡，迭为兴仆，运转而不能自止者也。大抵汉学尚考据，明训诂，荀子所谓“其数则始乎诵经，终乎读礼”，“古典主义”之可征者也。宋儒道性善，明义理，荀子所谓“其义则始乎为士，终乎为圣人”，“人文主义”之可征者也。虽然，犹有辨：

汉学有今古文之分：今文经世以致用，微言大义是尚，此汉学之近于“人文主义”者也；古文稽古以释经，名物训诂是谨，此汉学之偏于“古典主义”者也。然而今文极盛于西京，古学代兴于东汉，古学既盛而今文遽绝焉。《后汉书·郑玄传》曰：“初，中兴之后，范升、陈元、李育、贾逵之徒争论古今学，后马融答北地太守刘瑰及玄答何休，义据通深，由是古学遂明。”则是“古典主义”擅汉学后起之胜也。

宋儒有朱陆之争：朱子道问学，读书不害穷理《宋元学案·晦翁学案》载：陈北溪答李贯文曰："先生教人尊德性，道问学，固不偏废，而下力处却多在道问学上。"此宋儒之不废"古典主义"者也。陆象山尊德性，明心乃以见性。《宋元学案·象山学案》曰："宗羲案：先生之学以尊德性为宗，紫阳之学则以道问学为主。先生与兄复斋会紫阳于鹅湖，复斋倡诗有'留情传注翻榛塞，著意精微转陆沉'。先生和诗亦云：'易简功夫终久大，支离事业竟陆沉。'紫阳以为讥己，不怿。"此宋儒之尤重"人文主义"者也。然朱学极盛于宋元，阳明崛起于明代，陆学重光，而朱学少衰矣！则是"人文主义"擅宋学后起之胜也。

然当宋儒未起，汉学将变之际，老庄于魏晋，佛于隋唐，士大夫谭名理，崇高致，以清言为尚，以章句为尘垢，亦由风气穷而思变，学术蕲于自觉。厌考据之烦琐，无补人生；乐名理之简隽，欲以自慰。此实古今学术升降一大转机也！徒以玄谭自放，君子不贵；佛说外道，吾儒所鄙；国学一线，端系六经。然而魏晋经学，衍之东汉，统绪分明，见《隋书·经籍志》。而有不同于东汉者。盖同者其传说，而不同者其精神。东汉言训诂，或流繁琐；而魏晋好名理，亦出简隽也。"汉初诸儒，专治训诂，如教人亦只言某字训某字，自寻义理而已。"采《朱子语类》。"自晋以来，改变不同，王熙、郭象辈是也。汉儒解经，依经演说，晋人则不然，依经而自作文。"采《朱子语类》。则是"古典主义"也，而"人文主义"寓焉！后来宋儒之师心说经，其经义大抵汲魏晋之流风者也。然魏晋诸儒，尚解经而为经注；如王弼、韩康伯之注《易》，杜预、范宁之集解《春秋左氏》《穀梁》，皆经注也。至南北朝，则守一家之注而诠解之，且旁引诸说而证明之，所谓义疏者也。则是义疏者，盖注注而非注经。是故汉迄魏晋，经学也；南北朝，注学也。皇侃、熊安生、沈文阿、刘焯炫之伦，著录繁夥。至唐孔颖达修订《五经正义》，贾公彦、元行冲、徐彦、杨士勋赓续有作，遂遍诸经。百川洄注，潴为渊海，信经学之极轨也！然则唐学者，殆集南北朝注学之大成，而为东汉古学尾闾之宣泄焉！

宋儒五子，周敦颐、程颢、程颐、张载、朱熹游心六艺，旁参禅乘，周敦颐从僧寿崖学阐太极无极之旨。程颢资性过人，泛滥诸家，出入老释，返求诸六经，而充养有得。张载勇于造道，已求诸释老，乃返求之六经。朱子亦阐禅理，阳儒阴释，宋儒无不如此。明德新民，一主于率性修道。国学之人文主义，所以昭明于有宋，如日中天者，实以天竺明心见性，般若大觉之佛说西照，而吾儒率性修道，明德亲民之经蕴内宣。男女同姓，其生不蕃；果艺异树，接种乃佳。生物然，学术亦有然也！唯五子不废问学，犹于吾儒为近，而陆王偏尊德性，弥于禅宗有会耳！

然自明中叶，王阳明以致良知，昌明陆学，风靡一世，号曰“姚江学派”，理想缤纶，度越前古。及其敝也，士不悦学，徒长虚骄。谈空说有，相矜以口，益见迂阔而远于事情。横流怒肆，非直无益于国，而且蔑以自淑。逮晚明刘宗周证人一派，已几于王学之革命矣！及明之既亡，而学风亦因以革变！天下稍稍恶虚趋实。陆世仪、陆陇其等生清之初，始专守朱子，辨伪得真！高愈、张履祥坚苦自持，不愧实践。风气所鼓，一时景从。此由陆王之“尊德性”而反之于朱子之“道问学”者也。至顾炎武、阎若璩等卓然不惑，以为“经学即理学”，全谢山《鲒琦亭文集·顾先生炎武神道表》曰“晚益竺志六经，谓‘古今安得别有所谓理学者’？经学即理学也。自有舍经学以言理学者，而邪说以起。不知舍经学，则其所谓理学者，禅学也。故其本朱子之说，参之以慈溪《黄东发日钞》。所以归咎于上蔡横浦象山者甚峻”。求是辩诬，开一代之风气，导厥先路。乾隆以还，惠栋、戴震等精发古义，诂释圣言，天下所宗。自是学者务于经籍传注，考订发挥。“诸经新疏，更迭而出。或更张旧释，补阙匡违，若邵晋涵、郝懿行之《尔雅》，焦循之《孟子》，胡培翚之《仪札》，陈奂之《毛诗》，刘宝楠之《论语》，陈立之《公羊》，孙诒让之《周礼》是也。或甄撰逸诂，宣究微学，若孙星衍之《尚书》，张惠言之《周易》，刘文淇之《左传》是也。或最括古谊，疏注兼修，若惠栋之《周易》，江声之《尚书》是也。诸家之书，例精而谊博，往往出皇、孔、贾、元诸旧疏之上。盖贞观修书，多沿南学，牵于时制，别择未精。《易》则宗辅嗣而祧郑、虞。《左氏》则尊征南而摈贾、服。《尚书》则崇信梅、姚，使伏、孔今古文之学并亡，厥咎郅巨。加以义尚墨守，例不破注，遇有舛互，曲为弥缝。孔颖达之正义五经，各尊其注，两不相谋，遂成违伐。若斯之类，尤未允惬！而清儒新疏，则抉微捃逸，必以汉诂为宗。且谊证宏通，注有回穴，辄为理董。斯皆非六朝、唐人所能及！然则言经学者，莫盛于义疏；而为义疏者，尤莫善于清乾嘉诸儒”。采孙诒让《籀庼述林·刘恭甫墓表》。此由朱子之“道问学”，反本修古而为东汉之古学者也。则是“人文主义”之积窳于明季，而“古典主义”于以重光焉！

虽然，人苦不自觉，而不安于不自觉，于是乎言学。倘言学者，数典不足以经世，具数无所陈其义。譬如五官百骸，形体徒存，而神明不属，生气何托！不以训诂名物自安，必欲进而求“微言大义”，人之情也，学之道也。清儒既遍治古经，戴震弟子孔广森始著《公羊通义》，厥为清儒言今文学者之权舆。南北朝以降，经说学派只争郑玄、王肃，今古文之争遂熄。唐陆德明著《释文》，孔颖达著《正义》，皆杂宗郑、王。今所传《十三经注疏》者，《易》用王弼，《书》用伪孔安国传，《诗》用毛公传、郑玄笺，《周礼》《仪礼》《礼记》皆用郑玄注，《春秋左氏传》用杜预注，其余诸经皆汲东汉古文家之流。西汉所谓今文十四博士者，其学说皆亡，仅存者唯《春秋公羊传》之何休注而已。今文学之中心在《公羊》，而公羊家言则真所谓“其中多非常异义可怪之论”。然不明家法，治今文学者不宗之。嘉道以还，庄存与、刘逢禄祖孙相嬗，刘逢禄为庄存与之外孙，弱不好弄，母氏诲之，学必举所闻于外王父以纠俗师谬说。年十一，初谒外王父，叩以所业，应对如响，曰“此外孙必能传吾学”。详见李兆洛《养一斋文集·礼部·刘君传》，戴望嫡《麟堂文集·故礼部仪制司·刘先生行状》。世以《公羊》名家，刊落训诂名物之末，专求其所谓“微言大义”者，公羊家言所谓“非常异义可怪之论”，如“张三世”“通三统”“绌周王鲁”“受命改制”诸义，次第发明，言今文者宗之。龚自珍说经好庄、刘，尤擅要眇之思，往往引《公羊》义讥切时政，诋排专制，益为言学者所嘉。南海康有为能敷说“公羊改制”以言变法，禅其弟子。新会梁启超益推而大之，至于无垠，声生势张，而言今文学者盈天下矣！此由东汉之古学，又溯而上以反诸西汉之今文者也。则是“古典主义”之渐厌于晚清，而“人文主义”相与代兴焉！

方晚清今文大昌之日，独德清俞樾治古学，号东南大师，为鲁灵光。章炳麟《太炎文录·俞先生传赞》曰："浙江朴学晚至，则四明、金华之术茀之，昌自先生。宾附者有黄以周、孙诒让，是时先汉师说，已陵夷矣，渐犹彀张，不弛愈缮。不逮一世，新学蠕生，灭我圣文，粲而不蝉，非一隅之忧也。"其弟子章炳麟恢张其绪，尤擅声音训诂，好称引"左氏"，而无害于言革命，谓：

> 贾逵言"左氏义深君父"，此与《公羊》反对之辞。若夫"称国弑君，明其无道"，则不得以"义深君父"为解。杜预于此最为宏通。而近世焦循、沈彤辈多谓预借此以助司马昭之弑高贵乡公，则所谓"焦明已翔乎寥廓，弋者犹视乎薮泽"也。（见章炳麟《太炎文录·再与刘光汉书》）

儒林之言革命者，咸以章炳麟为巨擘矣。于是治今文者言保皇变法，学古文者倡排满革命，昭昭然如泾渭分而鸿沟画也。清廷既覆，革命功成，言今文者既以保皇变法，无所容其喙，势稍稍衰息矣。而章氏之学，乃以大白于天下，一时北京大学之国学教授，最著者刘师培、黄侃、钱玄同辈亡虑皆章氏之徒也，于是古学乃大盛。其时胡适新游学美国归，方以誉髦后起讲学负盛名，以为：

> 清儒之所谓汉学者，一名朴学，对于宋儒之理学而言，不外文字训诂校勘考订之学。而其治学之法，不外两事：曰"大胆的假设"，曰"小心的求证"。假设不大胆，不能有新发明。证据不充足，不能使人信仰。此欧儒之所以治科学，而吾国唯治朴学者为得其意焉！（《胡适文存·清代学者的治学方法》）

于是言古学者，益得皮傅科学，托外援以自张壁垒，号曰新汉学，异军突起。而其所为不同于东汉古学者，盖以《周礼》为伪托，目《尚书》非信史，又谓“六籍”皆儒家记古，胥同今文学说也。唯今文家意在经世，而新汉学主于考古，议论虽同，而归趣不一，此新汉学之所以异今文，而与东汉古学同其归者也！然东汉古学，欲以信古者考古；而新汉学，则以疑古者考古。此又新汉学之所为不同于东汉古学，而要其归，在欲“考见古之所以为古之典章文物”，则又无乎不同者耳。万流所仰，亦名曰“北大派”，横绝一时，莫与京也。独丹徒柳诒徵，不徇众好，以为古人古书，不可轻疑。又得美国留学生胡先骕、梅光迪、吴宓辈以自辅，刊《学衡杂志》，盛言人文教育，以排难胡适过重知识论之弊。一时之反北大派者归望焉，号曰“学衡派”。世以其人皆东南大学教授，或亦称之曰“东大派”。然而议论失据，往往有之。又以东大内畔，其人散而之四方，卒无以大相胜。然“古典主义”者，国学之歧途，而“人文主义”，则国学之正轨，未可以一时之盛衰得失为论衡也！吾将更端竟其指：

三、言国学者以何种主义为宜

吾以为言国学者，当以人文主义为宜。何以言其然？

其故有二：

一就国学二字顾名思义言之：按“学”之为言“觉”，“国学”之为言“国性自觉”，吾则既言之矣。然唯“人文主义”之国学，斯足以发国性之自觉，而纳人生于正轨，理之自然，必至之符也。“人文主义”之一名词，在欧土与“物质主义”为对，在吾儒与“古典主义”为对。“古典主义”，昔人之所轻；“物质主义”，今世之所患。何以言其然？“人文主义”之所寓，昔人谓之“义”；“古典主义”之所陈，昔人谓之“数”。《礼记·礼运》曰：“礼也者，义之实也；协诸义而协，则礼虽先王未之有，可以义起也。”此持“人文主义”者也。《荀子·荣辱》篇曰：

> 循法则、度量、刑辟、图籍，不知其义，谨守其数，慎不敢损益也，父子相传以持王公。是故三代虽亡，治法犹存，是官人百吏之所以取禄秩。

此守“古典主义”者也。然“数”有可陈，而其“义”难知，“数”有可革，而其“义”不变。《礼记·郊特牲》曰：

> 礼之所尊，尊其义也。失其义，陈其数，祝史之事也。故其数可陈也，其义难知也。知其义而谨守之，天子之所以治天下也。

则是“数”有可陈，而其“义”难知也。《礼记·大传》曰：

> 立权度量，考文章，改正朔，易服色，殊徽号，异器械，别衣服，此其所得与民变革者也。其不可得变革者则有矣！亲亲也，尊尊也，长长也，男女有别，此其不可得与民变革者也。

则是“数”有可革，而其“义”不变也。皮之不存，毛将焉附！“义”之未协，“数”徒具文，则是“义”尊而“数”卑，“义”先而“数”后也。故曰“古典主义，昔人之所轻”也。抑吾闻之也：美国哈佛大学文学教授白璧德氏（Irving Babbitt）者，尝倡人文教育以申儆一世。其大旨以为“西洋近世物质之学大昌，而人生之道遂昧；科学工商日益盛，而人之所以为人之道愈失。于是熙熙攘攘，唯利是崇。而又激于感情，中于诡辩，群情激扰，人奋其私，是非善恶，无所准绳。而国与国、人与人之间，则常以互相残杀为事。科学发达，人心益以不静，而为神明之桎梏哉。此其受病之根，在人之昧于所以为人之道。盖物质与人生，截然两途，各有其律。科学家发明物质之律，非不精能也。然以物质之律，施之人生，则心为形役，玩物丧志。私欲横流，人将相食。盖人生自有其律。今当研究人生之律以治人生。人文教育者，即教人所以为人之道。”见《学衡》第三期胡先骕译白璧德《中西人文教育谈》。可谓有慨乎其言之也。呜呼！《记》不云乎：

> 人生而静，天之性也。感于物而动，性之欲也。物至知知，然后好恶形焉。好恶无迹于内，知诱于外，不能反躬，天理灭矣。夫物之感人无穷，而人之好恶无节，则是物至而人化物也。人化物也者，灭天理而穷人欲者也。于是有悖逆诈伪之心，有淫佚作乱之事，是故强者胁弱，众者暴寡，知者诈愚，勇者苦怯，疾病不养，老幼孤独不得其所，此大乱之道。（见《礼记·乐记》）

而今适其会也！数十年来，海内士夫，貌袭于欧化，利用厚生，制驭物质之一切科学教育，未能逮欧人百一。而日纵亡等之欲，物质享乐，骎骎逮欧土而肩随之，物屈于欲，欲穷乎物，生人道苦，乱日方长，故曰“物质主义，今日之患”也。然则验之当今，唯“人文主义”足以救“物质主义”之穷。稽之于古，唯“人文主义”足以制“古典主义”之宜。国学者，“人文主义”之教育也。舍“人文主义”之教育，更何所谓“国学”者！盖唯“人文主义”为足以发吾人之自觉，亦唯“国学”为能备“人文主义”之至德要道。舍“人文主义”而言国学，则是遗其精华而拾其糟粕，怯其神明而袭其貌焉也！国性之不自觉，神明不属，譬之则行尸走肉耳。其何以国于大地！南山可动，吾言不易矣！

二就国学之所由起言之：国学之所由起，所以说明一国之“人文”。“古典”者，“人文”之遗蜕也。春秋以前，我国有政无学，有君卿大夫士而无师儒。周辙既东，官坠其职。于是百官之守，一变而为百家之学；《汉书·艺文志》曰“某家者流，盖出于某官”是也。“百家之学”，所为异于“百官之守”者，盖“百官之守”者，谨守其“数”；“百家之学”者，宣究其“义”，此国学之所为起也。余读《汉书·艺文志》，著录十家。其中农家者流，特明术而不为学。盖术者致于用，而学者究其义也。小说家者流，又稗说而不为学。盖说者听诸途，而学者得于心也。此固卑之无甚高论。即杂家者流，“兼儒墨，合名法”，家而曰杂，则非专门名家矣！其间可得而名家者，曰儒，曰道，曰阴阳，曰法，曰名，曰墨，曰纵横，七者而已。独儒、道二者，囊括群流，为一切学术之所自出。其间阴阳、名、墨三者，各守礼官之一事。《汉书·艺文志》明言“名家者流，盖出于礼官”，至云“阴阳家者流，盖出于羲和之官”，疑即《周礼·大宗伯》礼官之属，所称“占梦：掌其岁时，观天地之会，辨阴阳之气，以日月星辰占大梦之吉凶”；“视祲：掌十辉之法，以观妖祥，辨吉凶”者也。“墨家者流，盖出于清庙之守”，疑即《周礼·大宗伯》礼官之属所称“大祝”“小祝”者是也。而纵横一家，则出诗教之三百。见章学诚《文史通义·诗教上》。则是阴阳、名、墨者，儒家之支与流裔也。“申子卑卑，施之名实；韩子引绳墨，切事情，明是非；其极惨礉少恩，皆原于道德之意。”见《史记·老庄申韩列传》。则是法家者，道家之支与流裔也。然则七家之中，独儒、道二者，囊括群流，为一切学术之所自出。而筦学术之枢者，舍儒、道二者，其奚属焉？然儒与道不同学，而同归于人文主义。“儒家者流，盖出于司徒之官，助人君，明教化，游文于六经之中，留意于仁义之际”，其为“人文主义”，固不待言。至“道家者流，盖出史官，历记成败、存亡、祸福、古今之道；然后知秉要执本，清虚以自守，卑弱以自持，此君人南面之术也；合于尧之克攘，《易》之嗛嗛，一谦而四益”，则是以“古典主义”为途径，而亦以“人文主义”为归宿者也。独是道家法自然，于社会一切人为之仁义道德文物制度，胥以为有违于自然，无补于人文，而放绝之，摈弃之，故曰：

大道废，有仁义。慧知出，有大伪。六亲不和，有孝子。国家昏乱，有忠臣。

绝仁弃义，民复孝慈。绝圣弃知，民利百倍。绝巧弃利，盗贼亡有。此三者以为文，不足；故令有所属，见素抱朴，少私寡欲。（引《老子》书）

又曰：

礼者，忠信之薄，而乱之首。（引《老子》书）

又曰：

法令滋章，盗贼多有。（引《老子》书）

至儒者重人为，凡社会一切相承之文物制度，苟有当于助长人文，罔不因势利导之，牖之轨物，而资以为经世之用。于是文王演《易》，周公制礼作乐，孔子删《诗》《书》，订礼乐，欲董理一切相承之社会文物制度，以存其适者，汰其不适者，俾后世有所监观。如“六经”所载，亦必有所承，匪尽凭虚臆测，托古改制，如今文家云尔也。此其异也。然儒与道不同学，而同归于“人文主义”。“古典主义”者，特国学歧出之一途，而迫于时势之不容已耳！汉儒之言“古典主义”也，特以秦皇一炬，《诗》《书》、百家语烧，非搜遗考订，不能重光于劫余，赓亘古垂绝之人文教育也，时势则然也。清儒之重赓“古典主义也”，特以清廷禁罔密，而言陆王者多明遗老。士大夫惧世祸，又苦聪明材力无所用，故恣意于名物考订以自娱嬉，而免时网也。时势则然也，夫岂得已哉！论者乃以国学之正统目之，慎矣！述《今日之国学论》。

1929年1月《国光》第1卷第1期

楷定国学名义

马一浮

一、国学者，六艺之学也

大凡一切学术，皆由思考而起，故曰学原于思。思考所得，必用名言，始能诠表。诠是诠释，表是表显。名言即是文字，名是能诠，思是所诠。凡安立一种名言，必使本身所含摄之义理明白昭晰，使人能喻，释氏立文身、句身、名身，如是三身为一切言教必具之体。喻是领会晓了，随其根器差别而有分齐不同。例如颜子“闻一以知十”，子贡“闻一以知二”之类。谓之教体。佛说此方以音声为教体。必先喻诸己，而后能喻诸人。因人所已喻，而告之以其所未喻，才明彼，即晓此，因喻甲事而及乙事，辗转关通，可以助发增长人之思考力，方名为学。故学必读书穷理，书是名言，即是能诠，理是所诠，亦曰“格物致知”。物是一切事物之理，知即思考之功。《易·系辞传》曰：“唯深也，故能通天下之志。”换言之，即是于一切事物表里洞然，更无暌隔，说与他人，亦使各各互相晓了，如是乃可通天下之志，如是方名为学。略说"学"字大意，次说国学名词。

国学这个名词，如今国人已使用惯了，其实不甚适当。照旧时用国学为名者，即是国立大学之称。今人以吾国固有的学术名为国学，意思是别于外国学术之谓。此名为依他起，严格说来，本不可用。今为随顺时人语，故暂不改立名目。然即依故有学术为解，所含之义亦太觉广泛笼统，使人闻之，不知所指为何种学术。照一般时贤所讲，或分为小学、文字学。经学、诸子学、史学等类，大致依四部立名。然四部之名本是一种目录，犹今图书馆之图书分类法耳。荀勖《中经簿》本分甲、乙、丙、丁，《隋书·经籍志》始立经、史、子、集之目，至今沿用，其实不妥。今姑不具论，他日别讲。能明学术流别者，惟《庄子·天下篇》及《汉书·艺文志》最有义类。今且不暇远引，即依时贤所学，各有专门，真是皓首不能究其义，毕世不能竟其业。今诸生在大学所习学科甚繁，时间有限，一部十七史从何处说起？

现在要讲国学，第一须楷定国学名义。"楷定"是义学家释经用字。每下一义，须有法式，谓之楷定。楷即法式之意，犹今哲学家所言范畴，亦可说为领域。故楷定即是自己定出一个范围，使所言之义不致凌杂无序或枝蔓离宗。老子所谓"言有宗，事有君"也。何以不言确定而言楷定？学问，天下之公，言确定则似不可移易，不许他人更立异义，近于自专。今言楷定，则仁智各见，不妨各人自立范围，疑则一任别参，不能强人以必信也。如吾今言国学是六艺之学，可以该摄其余诸学，他人认为未当，不妨各自为说，与吾所楷定者无碍也。又，楷定异于假定。假定者，疑而未定之词，自己尚信不及，姑作如是见解云尔。楷定则是实见得如此，在自己所立范畴内更无疑义也。第二须先读基本书籍，第三须讲求简要方法。如是，诸生虽在校听讲时间有限，但识得门径不差，知道用力方法不错，将来可以自己研究，各有成就。

今先楷定国学名义。举此一名，该摄诸学，唯六艺足以当之。六艺者，即是《诗》《书》《礼》《乐》《易》《春秋》也。此是孔子之教，吾国二千余年来普遍承认一切学术之原皆出于此，其余都是六艺之支流。故六艺可以该摄诸学，诸学不能该摄六艺。今楷定国学者，即是六艺之学，用此代表一切固有学术，广大精微，无所不备。某向来欲撰《六艺论》，郑康成亦有《六艺论》，今已不传。佚文散见群经注疏中，但为断片文字，不能推见其全体，殊为可惜。某今日所欲撰之书，名同实别，不妨各自为例。未成而遭乱，所缀辑先儒旧说，群经大义，俱已散失无存。今欲为诸生广说，恐嫌浩汗，只能举其要略，启示一种途径，使诸生他日可自己求之。且为时间短促，亦不能不约说也。

今举《礼记·经解》及《庄子·天下篇》说六艺大旨，明其统类如下：

《经解》引孔子曰："入其国，其教可知也。其为人也，温柔敦厚，《诗》教也；疏通知远，《书》教也；广博易良，《乐》教也；絜静精微，《易》教也；恭俭庄敬，《礼》教也；属辞比事，《春秋》教也。"

《庄子·天下篇》曰："《诗》以道志，《书》以道事，《礼》以道行，《乐》以道和，《易》以道阴阳，《春秋》以道名分。"

自来说六艺，大旨莫简于此。有六艺之教，斯有六艺之人。故孔子之言是以人说，庄子之言是以道说。《论语》曰："人能弘道，非道弘人。”道即六艺之道，人即六艺之人。有得六艺之全者，有得其一二者，所谓“学焉而得其性之所近”。《论语》记：“子所雅言，《诗》《书》执礼。”“兴于《诗》，立于《礼》，成于《乐》。”《王制》：“乐正崇四术，立四教，顺先王《诗》《书》《礼》《乐》以造士，春秋教以《礼》《乐》，冬夏教以《诗》《书》。”是知四教本周之旧制，孔子特加删订。《易》藏于太卜，《春秋》本鲁史，孔子晚年始加赞述，于是合为六经，亦谓之六艺。《史记·孔子世家》云：“及门之徒三千，身通六艺者七十有二人。”旧以礼、乐、射、御、书、数当之，实误。寻上文叙次孔子删《诗》《书》，定《礼》《乐》，赞《易》，修《春秋》，自必蒙上而言，六艺即是六经无疑。与《周礼》卿三物所言六艺有别，一是艺能，一是道术。卿三物所名礼，乃指仪容器数；所名乐，乃指铿锵节奏：是习礼乐之事，而非明其本原也。唯“六德”——知、仁、圣、义、中、和，实足以配六经，此当别讲。今依《汉书·艺文志》以六艺当六经。经者，常也，以道言谓之经；艺犹树艺，以教言谓之艺。

二、论六艺该摄一切学术

何以言六艺该摄一切学术？约为二门：一、六艺统诸子；二、六艺统四部。诸子依《汉志》，四部依《隋志》。

甲：六艺统诸子。

欲知诸子出于六艺，须先明六艺流失。《经解》曰：“《诗》之失愚，《书》之失诬，《乐》之失奢，《易》之失贼，《礼》之失烦，《春秋》之失乱。”学者须知，六艺本无流失，“学焉而得其性之所近”，俱可适道。其有流失者，习也。心习才有所偏重，便一向往习熟一边去，而于所不习者便有所遗，高者为贤、知之过，下者为愚、不肖之不及，遂成流失。佛氏谓之边见，庄子谓之往而不反，此流失所从来，便是“学焉而得其习之所近”，慎勿误为六艺本体之失，此须料简明白。

《汉志》：“诸子十家，其可观者九家。”其实九家之中，举其要者，不过五家，儒、墨、名、法、道是已。出于王官之说，不可依据，今所不用。《学记》：“师严然后道尊，道尊然后民知敬学。是故君之所不臣于其民者二：当其为尸，则弗臣也；当其为师，则弗臣也。大学之礼，虽诏于天子，无北面，所以尊师也。”此明官、师有别，师之所诏并非官之所守也。（《周礼》司徒之官有“师氏掌以媺诏王”“保氏掌谏王恶”。凡“王举则从，听治亦如之。”师氏“使其属率四夷之隶，各以其兵服守王之门外，且跸。”保氏“使其属守王闱”。此如后世侍从之官。郑注《冢宰》“以九两系邦国之民”“师以贤得民”“儒以道得民”，乃以诸侯之师氏、保氏当之，变保为儒，此实于义乖舛，不可从。）《论语》：“温故而知新，可以为师矣。”又语子夏：“汝为君子儒，毋为小人儒。”此所言师、儒，岂可以官目之邪？《七略》旧文某家者流出于某官，亦以其言有关政治，换言之，犹曰某家者可使为某官。如“雍也，可使南面”云尔，岂谓如书吏之抱档案邪？如谓道家出于史官，今《老子》五千是否周之国史？墨家出于清庙之守，今墨书所言并非笾豆之事。此最易明。吾乡章实斋作《文史通义》，创为“六经皆史”之说，以六经皆先王政典，守在王官，古无私家著述之例，遂以孔子之业并属周公，不知孔子“祖述尧、舜，宪章文、武”，乃以其道言之。若政典，则三王不同礼，五帝不同乐，且孔子称《韶》《武》，则明有抑扬，论十世，则知其损益，并不专主于“从周”也。信如章氏之说，则孔子未尝为太卜，不得系《易》；未尝为鲁史，亦不得修《春秋》矣。《十翼》之文，广大悉备，太卜专掌卜筮，岂足以知之；笔削之旨，游、夏莫赞，亦断非鲁史所能与也。“以吏为师”，秦之弊法，章氏必为迴护，以为三代之遗，是诚何心！今人言思想自由，犹为合理。秦法“以古非今者族”，乃是极端遏制自由思想，极为无道，亦是至愚。经济可以统制，思想云何由汝统制？曾谓三王之治世而有统制思想之事邪？惟《庄子·天下篇》则云：“古之道术有在于是者，某某闻其风而说之。”乃是思想自由自然之果。所言“道德不一，天下多得一察焉以自好”“各为其所欲以自为方”“道术将为天下裂”，乃以“不该不遍”为病，故庄立道术、方术二名。（非如后世言方术当方伎也。）是以道术为该遍之称，而方术则为一家之学。谓方术出于道术，胜于九流出于王官之说多矣。与其信刘歆，不如信庄子。实斋之论甚卑而专，固亦与公羊家孔子改制之说同一谬误。且《汉志》出于王官之说，但指九家，其叙六艺，本无此言，实斋乃以六艺亦为王官所守，并非刘歆之意也。略为辨正于此，学者当知。不通六艺，不名为儒，此不待言。墨家统于《礼》，名、法亦统于《礼》，道家统于《易》。判其得失，分为四句：一，得多失多；二，得多失少；三，得少失多；四，得少失少。例如道家体大，观变最深，故老子得于《易》为多，而流为阴谋，其失亦多，“《易》之失贼”也。贼训害。庄子《齐物》，好为无端厓之辞，以天下不可与庄语，得于《乐》之意为多，而不免流荡，亦是得多失多，“《乐》之失奢”也。奢是侈大之意。墨子虽非乐，而《兼爱》《尚同》实出于《乐》，《节用》《尊天》《明鬼》出于《礼》，而《短丧》又与《礼》悖。墨经难读，又兼名家亦出于《礼》，如墨子之于《礼》《乐》，是得少失多也。法家往往兼道家言，如《管子》《汉志》本在道家，韩非亦有《解老》《喻老》，自托于道。其于《礼》与《易》，亦是得少失多。余如惠施、公孙龙子之流，虽极其辩，无益于道，可谓得少失少。其得多失少者，独有荀卿。荀本儒家，身通六艺，而言“性恶”“法后王”是其失也。若诬与乱之失，纵横家兼而有之，然其谈王伯皆游辞，实无所得，故不足判。杂家亦是得少失少。农家与阴阳家虽出于《礼》与《易》，末流益卑陋，无足判。观于五家之得失，可知其学皆统于六艺，而诸子学之名可不立也。

乙：六艺统四部。

何以言六艺统四部？今经部立十三经、四书，而以小学附之，本为未允。六经唯《易》《诗》《春秋》是完书；《尚书》今文不完，古文是依托；《仪礼》仅存士礼；《周礼》亦缺冬官；《乐》经本无其书，《礼记》是传，不当遗大戴而独取小戴；《左氏》《公》《穀》三传亦不得名经；《尔雅》是释群经名物；唯《孝经》独专经名，其文与《礼记》诸篇相类；《论语》出孔门弟子所记；《孟子》本与《荀子》同列儒家，与二戴所采曾子、子思子、公孙尼子七十子后学之书同科，应在诸子之列，但以其言最醇，故以之配《论语》。然曾子、子思子、公孙尼子之言亦醇，何以不得与《孟子》并？二戴所记曾子语独多，后人曾辑为《曾子》十篇。《中庸》出子思子，《乐记》出公孙尼子，并见《礼记正义》，可信。然《礼记》所采七十子后学之书多醇。《大学》不必定为曾子之遗书，必七十子后学所记则无疑也。二戴兼采秦汉博士之说，则不尽醇。此须料简。今定经部之书为宗经论、释经论二部，皆统于经，则秩然矣。宗经、释经区分，本义学家判佛书名目，然此土与彼土著述大体实相通，此亦门庭施设，自然成比例，非是强为差排，诸生勿疑为创见。孔子晚而系《易》《十翼》之文，便开此二例，《彖》《象》《文言》《说卦》是释经，《系传》《序卦》《杂卦》是宗经。寻绎可见。六艺之旨，散在《论语》而总在《孝经》，是为宗经论。《孟子》及二戴所采曾子、子思子、公孙尼子诸篇，同为宗经论。《仪礼·丧服传》子夏所作，是为释经论。三传及《尔雅》亦同为释经论。《礼记》不尽是传，有宗有释。《说文》附于《尔雅》，本保氏教国子以六书之遗。如是则经学、小学之名可不立也。诸子统于六艺，已见前文。

其次言史。司马迁作《史记》，自附于《春秋》，《班志》因之。纪传虽由史公所创，实兼用编年之法；多录诏令奏议，则亦《尚书》之遗意。诸志特详典制，则出于《礼》，如《地理志》祖《禹贡》，《职官志》祖《周官》，准此可推。纪事本末则左氏之遗则也。史学巨制，莫如《通典》《通志》《通考》，世称“三通”，然当并《通鉴》计之为四通。编年记事出于《春秋》，多存论议出于《尚书》，记典制者出于《礼》。判其失亦有三：曰诬，曰烦，曰乱。知此，则知诸史悉统于《书》《礼》《春秋》，而史学之名可不立也。

其次言集部。文章体制流别虽繁，皆统于《诗》《书》。《汉志》犹知此意，故单出“诗赋略”，便已摄尽。六朝以有韵为文，无韵为笔，后世复分骈散，并弇陋之见。“《诗》以道志，《书》以道事”，文章虽极其变，不出此二门。志有浅深，故言有粗妙；事有得失，故言有纯驳。思知言不可不知人，知人又当论其世，故观文章之正变而治乱之情可见矣。今言文学，统于《诗》者为多。《诗·大序》曰：“治世之音安以乐，其政和；乱世之音怨以怒，其政乖；亡国之音哀以思，其民困。”三句便将一切文学判尽。《论语》曰：“诵《诗》三百，授之以政，不达。”“虽多，亦奚以为？”可见《诗》教通于政事。“《书》以道事”，《书》教即政事也，故知《诗》教通于《书》教。《诗》教本仁，《书》

教本知。古者教《诗》于南学，教《书》于北学，即表仁知也。《乡饮酒义》曰“向仁”“背藏”“左圣”“右义”。藏即是知。“知以藏往”，故知是藏义。教《乐》于东学，表圣；教《礼》于西学，表义。故知仁圣义，即是《诗》《书》《礼》《乐》四教也。前以六艺流失判诸子，独遗《诗》教。“《诗》之失愚”，唯屈原、杜甫足以当之，所谓“古之愚也直”。六失之中，唯失于愚者不害为仁，故《诗》教之失最少。后世修辞不立其诚，浮伪夸饰，不本于中心之恻怛，是谓“今之愚也诈”。以此判古今文学，则取舍可知矣。两汉文章近质，辞赋虽沈博极丽，多以讽喻为主，其得于《诗》《书》者最多，故后世莫能及。唐以后，集部之书充栋，其可存者，一代不过数人。至其流变，不可胜言，今不具讲。但直抉根原，欲使诸生知其体要咸统于《诗》《书》，如是则知一切文学皆《诗》教、《书》教之遗，而集部之名可不立也。

上来所判，言虽简略，欲使诸生于国学得一明白概念，知六艺总摄一切学术，然后可以讲求。譬如行路，须先有定向，知所向后，循而行之，乃有归趣。不然则博而寡要，劳而少功，泛泛寻求，真是若涉大海，茫无津涯。吾见有人终身读书，博闻强记而不得要领，绝无受用，只成得一个书库，不能知类通达。如是又何益哉？复次当知讲明六艺不是空言，须求实践。今人日常生活，只是汩没在习气中，不知自己性分内本自具足一切义理。故六艺之教，不是圣人安排出来，实是性分中本具之理。《记》曰：“天尊地卑，万物散殊，而礼制行矣；流而不息，合同而化，而乐兴焉。”“礼者，天地之序。”“乐者，天地之和。”故曰：“礼乐不可斯须去身。”“仁者见之谓之仁，知者见之谓之知，百姓日用而不知。”自性本具仁智，由不见，故日用不知，溺于所习，流为不仁不知。《礼》《乐》本自粲然，不可须臾离，由于不肯率由，遂至无序不和。今人亦知人类须求合理的生活，亦曰正常生活，须知六艺之教即是人类合理的正常生活，不是偏重考古，徒资言说而于实际生活相远的事。今所举者，真是大辂椎轮，简略而又简略，然祭海先河，言语之序，亦不得不如此。

三、论六艺统摄于一心

语曰："举网者提其纲，振衣者必挈其领。"先须识得纲领，然后可及其条目。前面讲六艺之教，可以该摄一切学术，这是一个总纲，真是“范围天地之化而不过，曲成万物而不遗”。学者须知六艺本是吾人性分内所具的事，不是圣人旋安排出来。吾人性量本来广大，性德本来具足，故六艺之道，即是此性德中自然流出的，性外无道也。从来说性德者，举一全该则曰仁，开而为二则为仁知、为仁义；开而为三则为知、仁、勇；开而为四则为仁、义、礼、知；开而为五则加信而为五常；开而为六则并知、仁、圣、义、中、和而为六德。就其真实无妄言之，则曰“至诚”；就其理之至极言之，则曰“至善”。故一德可备万行，万行不离一德。知是仁中之有分别者，勇是仁中之果决者，义是仁中之有断制者，礼是仁中之有节文者。信即实在之谓，圣则通达之称。中则不偏之体，和则顺应之用。皆是吾人自心本具的。

心统性情，性是理之存，情是气之发。存谓无乎不在，发则见之流行。理行乎气中，有是气则有是理。因为气禀不能无所偏，故有刚柔善恶。《通书》曰：“刚善为义、为直、为断、为严毅、为干固，恶为猛、为隘、为强梁；柔善为慈、为顺、为巽，恶为懦弱、为无断、为邪佞。”先儒谓之气质之性。圣人之教，使人自易其恶，自至其中，便是变化气质，复其本然之善。此本然之善，名为天命之性，纯乎理者也。气质之性，自横渠始有此名。汉儒言性，皆祖述荀子，只见气质之性。然气质之性亦不一向是恶，恶只是个过不及之名。故天命之性纯粹至善。气质之性有善有恶，方为定论。若孟子道性善，则并气质亦谓无恶。如谓：“富岁，子弟多赖，凶年，子弟多暴，非天之降才尔殊也，所以陷溺其心者然也。”又曰：“若夫为不善，非才之罪也。”才即是气质。孟子之意，是以不善完全由于习，气质元无不善也。汉人说性，往往以才性连文为言，不免含混，故当从张子。然天命之性与气质之性，并非是两重。程子曰：“论性不论气则不备，论气不论性则不明；二之，则不是。”气质之性有善有不善，犹水之有清浊也。清水浊水，元是一水。变化气质，则是去其砂石，使浊者变清。及其清时，亦只是元初水，不是别将个清的来换却浊的。

此理自然流出诸德，故亦名为天德。见诸行事，则为王道。六艺者，即此天德王道之所表显。故一切道术皆统摄于六艺，而六艺是统摄于一心，即是一心之全体大用也。《易》本隐以之显，即是从体起用。《春秋》推见至隐，即是摄用归体。故《易》是全体，《春秋》是大用。伊川作《明道行状》曰：“穷神知化，由通于礼乐；尽性至命，必本于孝弟。”须知《易》言神化，即礼乐之所从出；《春秋》明人事，即性道之所流行，《诗》《书》并是文章。孔子称“尧焕乎其有文章”，子贡称“夫子之文章”，此言文章，乃是圣人之大业，勿误作文辞解。文章不离性道。故《易》统《礼》《乐》，横渠《正蒙》云：“一故神，二故化。”礼主别异，二之化也；乐主和同，一之神也。礼主减，乐主盈，礼减以进，以进为文，乐盈而反，以反为文，皆阴阳合德之理。《春秋》该《诗》《书》。孟子谓：“王者之迹熄而《诗》亡。《诗》亡然后《春秋》作。”故《春秋》继《诗》，《诗》是好恶之公，《春秋》是褒贬之正。《尚书》称二帝三王极其治，《春秋》讥五伯极其乱。拨乱世反之正，因行事加王心，皆所以继《书》也。以一德言之，皆归于仁；以二德言之，《诗》《书》为阳是仁，《书》《礼》为阴是知，亦是义；以三德言之，则《易》是圣人之大仁，《诗》《书》《礼》《乐》并是圣人之大智，而《春秋》则是圣人之大勇；以四德言之，《诗》《书》《礼》《乐》即是仁、义、礼、智；此以《书》配义，《乐》配智也。以五德言之，《易》明天道，《春秋》明人事，皆信也，皆实理也。以六德言之，《诗》主仁，《书》主知，《乐》主圣，《礼》主义，《易》明大本是中，《春秋》明达道是和。

《中庸》曰：“惟天下至圣，为能聪明睿智，足以有临也；此为德之总相。宽裕温柔，足以有容也；仁德之相。发强刚毅，足以有执也；义德之相。齐庄中正，足以有敬也；礼德之相。文理密察，足以有别也。智德之相。溥博渊泉，而时出之。”溥博言其大，渊泉言其深。此为圣人果上之德相。《经解》所言“温柔敦厚”“疏通知远”“广博易良”“恭俭庄敬”“絜静精微”“属辞比事”，则为学者因地之德相。而“絜静精微”之因德，与“聪明睿智”之果德并属总相。总不离别，别不离总。六相归摄一德，故六艺摄归一心。圣人以何圣？圣于六艺而已。学者于何学？学于六艺而已。大哉，六艺之为道！大哉，一心之为德！学者于此可不尽心乎哉？

四、论西来学术亦统于六艺

六艺，不唯统摄中土一切学术，亦可统摄现在西来一切学术。举其大概言之，如自然科学可统于《易》，社会科学或人文科学可统于《春秋》。因《易》明天道，凡研究自然界一切现象者皆属之；《春秋》明人事，凡研究人类社会一切组织形态者皆属之。董生言："不明乎《易》，不能明《春秋》。"如今治社会科学者，亦须明自然科学，其理一也。物生而后有象，象而后有滋，滋而后有数。今人以数学、物理为基本科学，是皆《易》之支与流裔。以其言，皆源于象数而其用在于制器。《易传》曰："以制器者尚其象，凡言象数者，不能外于《易》也。"人类历史过程皆由野而进于文，由乱而趋于治。其间盛衰兴废、分合存亡之跡，蕃变错综。欲识其因应之宜，正变之理者，必比类以求之，是即《春秋》之比事也；说明其故，即《春秋》之属辞也。属辞以正名，比事以定分。社会科学之义，亦是以道名分为归。凡言名分者，不能外于《春秋》也。

文学艺术统于《诗》《乐》，政治法律经济统于《书》《礼》，此最易知。宗教虽信仰不同，亦统于《礼》，所谓"亡于礼者之礼也"。

哲学思想派别虽殊，浅深小大亦皆各有所见。大抵本体论近于《易》，认识论近于《乐》，经验论近于《礼》。唯心者，《乐》之遗；唯物者，《礼》之失。凡言宇宙观者，皆有《易》之意；言人生观者，皆有《春秋》之意。但彼皆各有封执，而不能观其会通。庄子所谓“各得一察焉以自好”“各为其所欲以自为方”者，由其习使然。若能进之以圣人之道，固皆六艺之材也。道一而已，因有得失，故有同异，同者得之，异者失之。《易》曰：“天下同归而殊途，一致而百虑。天下何思何虑？”睽而知其类，异而知其通，夫何隔碍之有？勉实言之，全部人类之心灵，其所表现者，不能离乎六艺也；全部人类之生活，其所演变者，不能外乎六艺也。故曰：“道外无事，事外无道。”因其心智有明有昧，故见之行事有得有失。孟子曰：“行矣而不著焉，习矣而不察焉，终身由之而不知其道者，众也。”彼虽或得或失，皆在六艺之中，而不自知其为六艺之道。《易》曰“百姓日用而不知”，其此之谓矣。苏子瞻有诗云：“不识庐山真面目，只缘身在此山中。”岂不信然哉！

学者当知，六艺之教，固是中国至高特殊之文化：唯其可以推行于全人类，放之四海而皆准，所以至高；唯其为现在人类中尚有多数未能了解，“百姓日用而不知”，所以特殊。故今日欲弘六艺之道，并不是狭义的保存国粹，单独的发挥自己民族精神而止，是要使此种文化普遍的及于全人类，革新全人类习气上之流失，而复其本然之善，全其性德之真，方是成己成物，尽己之性，尽人之性，方是圣人之盛德大业。若于此信不及，则是于六艺之道犹未能有所入，于此至高特殊的文化，尚未能真正认识也。诸君勿疑此为估价太高，圣人之道实是如此。世界无尽，众生无尽，圣人之愿力亦无有尽。人类未来之生命方长，历史经过之时间尚短。天地之道只是个“至诚无息”，圣人之道只是个“纯亦不已”。往者过，来者续，本无一息之停。此理决不会中断，人心决定是同然。若使西方有圣人出，行出来的也是这个六艺之道，但是名言不同而已。

诸生当知：六艺之道是前进的，决不是倒退的，切勿误为开倒车；是日新的，决不是腐旧的，切勿误为重保守；是普遍的，是平民的，决不是独裁的，不是贵族的，切勿误为封建思想。要说解放，这才是真正的解放；要说自由，这才是真正的自由；要说平等，这才是真正的平等。

西方哲人所说的真美善，皆包含于六艺之中。《诗》《书》是至善，礼乐是至美，《易》《春秋》是至真。《诗》教主仁，《书》教主智，合仁与智，岂不是至善么？《礼》是大序，《乐》是大和，合序与和，岂不是至美么？《易》穷神知化，显天道之常；《春秋》正名拨乱，示人道之正，合正与常，岂不是至真么？诸生若于六艺之道，深造有得，真是左右逢源，万物皆备。所谓尽虚空，遍法界，尽未来际，更无有一事一理能出于六艺之外者也。吾敢断言，天地一日不毁，人心一日不灭，则六艺之道炳然常存。世界人类一切文化最后之归宿，必归于六艺。而有资格为此文化之领导者，则中国也。今人舍弃自己无上之家珍，而拾人之土苴绪余以为宝，自居于下劣，而奉西洋人为神圣，岂非至愚而可哀？诸生勉之。慎勿安于卑陋，而以经济落后为耻，以能增高国际地位遂以为可矜，须知今日所名为头等国者，在文化上实是疑问。须是进于六艺之教，而后始为有道之邦也。不独望吾国人兴起，亦望全人类兴起，相与坐进此道。勉之！勉之！

1938年上半年
在浙江大学讲学之讲稿

国故与科学精神

毛子水

一、什么是国故呢?

什么是国故呢?我们倘若把这个问题,问起那些讲国故的人,所得的回答,恐怕没有相同的。有些必定说国故就是“三纲五常”;有些必定说国故就是“四书五经”;有些必定说《学海堂经解》是国故;更有些必把《骈体文钞》《古文辞类纂》“钟鼎款识”等东西当作国故。无论这些回答里面,哪些是错,哪些是不错,国故这个名词,没有很清楚很一定的意义,就可从此知道了。

我们现在讲到这个题目,当然要先知道清楚什么叫得国故。章太炎先生的《国故论衡》,在近来讨论国故的书籍里面,纵未必是最精审的,亦必是最精审的一种了。这部书分为三卷:上卷论语言文字,中卷论文学,下卷论学术思想。语言文字和文学,都是发表学术思想的器具;所以《国故论衡》这部书,可以说得就是中国古代的——或固有的——学术思想的论衡。我们倘若根据章太炎先生的意思，我们就可以说“国故就是中国古代的学术思想”。但是照我的意思，中国民族过去的历史，章先生的书里虽然没有论到，亦正当的可以叫得国故。因此我们得着国故的定义如下：国故就是中国古代的学术思想和中国民族过去的历史。

二、国故在今日世界学术上的位置

国故已然是中国民族过去的学术思想和历史，我们当然可以说它像现在的何种——或等后现在的何种——学术。因为除了历史不讲外，我们倘若把中国旧有的书籍，照现在科学的分类，分配起来，带点牵强傅会的手段，譬如《周官经》里有财政学，墨翟的书里有数学力学，诸葛亮的木牛流马就是现在的汽车和飞机等等——国故实在可以说得包罗万有了。因为有这个缘故，许多我们中国的念书人，就生出种种的误解，最大的是：

1. 国故和“欧化”（欧洲现在的学术思想）为对等的名称，这二种就是世界上学术界里争霸争王的两个东西。

2. 国故有神秘不可思议的技能；欧洲的学术，国故里面没有不备的；而国故里面有许多东西，欧洲是没有的。

第一种的误处，在没有晓得学术的性质和历史。我们倘若单讲到学术思想，国故是过去的已死的东西，欧化是正在生长的东西，国故是杂乱无章的零碎智识，欧化是有系统的学术。这两个东西，万万没有对等的道理。我们现在就是把国故和“国新”并列，亦觉得不伦不类，因为“国新”亦是正在生长的东西。

说到这里，必有人疑心我的“国新”两字没有来历了。其实已有国故，必有“国新”。“国新”就是现在我们中国人的学术思想——是一个正当的名称。倘若现在我们中国人的学术思想的程度，还是同数百年或数千年前的一样，这个“国新”就同国故不分，这就是我们中国人的学术思想没有进步；这就是过去的这几千年或几百年的时间，我们都让它白白过去了。倘若现在我们中国人的学术思想的程度，同欧洲人的一样，这个“国新”就和欧化一样。这个和欧化一样的“国新”无论是我们自己创造的，或从欧化里面吸收来的，都是正当的。学术这个东西，同那太阳光一样。这个太阳，不是北京人私有的，亦不是上海人私有的。有太阳光的地方，不能说这太阳光是他的；没有太阳光的地方，譬如在密郁郁的树林里，或在黑洞洞的房子里，亦不能说这个太阳他是没分的。我们倘若要这太阳光，我们不要躲在那密郁郁的树林里或那黑洞洞的房子里就得了。学术思想，并不是欧洲人专有的，所以“国新”不妨和欧化雷同。还有一层：一个人能够把别个人的东西，用合法的手续取来，这个东西就是他的。我们买来药剂师制造的补品，吃了下去，经过消化作用，长了许多筋力，这个筋力，是我们的，并不是药剂师的。一国的人吸收别国的人的文化，亦是一样。所以我们现在把欧洲人的学术思想，“买”了过来，“吃”了下去，经过“消化作用”，长了许多“筋力”，这个“筋力”亦就可以叫得我们的“国新”。

讲了许多题外的说话，不过表明学术是天下古今的公器，正当讲起来，在学术上，有什么国不国？“国新”这个名词，实在是不妥当的。却是我们现在讲到这个题目，留住它倒有点用处。下文且仍转到正题。

上文所举的第二种误解，或是因为爱国心胜过诚实所致，或是因为“夜郎人自大”的脾气所致，或是“没有读书”的结果。这个错处容易明白，我们亦就不多说了。

这二种误解已经指点清楚，我们现在且把国故的性质和功用直说出来：

1. 国故的一部分是中国一段学术思想史的材料。

2. 国故的大部分是中国民族过去的历史的材料[1]。

知道这些，就可以知道国故在今日世界学术上的位置了，凡是学了一种科学的人，没有不知道学术史的重要的。凡是研究社会或政治等学的人，没有不知道一个大民族的历史是重要的。却有一层，中国的学术史，就重要的方面讲起来，不要说比不上欧洲近世的学术史，还比不上希腊罗马的。讲数学名学等历史的人，必定首先讲到希腊诸学者；讲民法的人，亦必研究罗马法。这样的例，在我们的学术史里面，实在寻不出来。还有一层，因为

---

[1] 国故的大部分，实在就是中国民族过去的历史。但是从前人所做的从前人的历史，我们现在不能用它；因为现在人的历史的眼光，十分之八九不应当和前人的相同，所以我们现在的历史，大部分都应当从我们自己的历史的眼光新做出来，方能合用。因此，我们把国故的这一大部分，不看作中国民族过去的历史，看作中国民族过去历史的材料。

我们中国民族，从前没有什么重要的事业；对于世界的文明，没有重大的贡献；所以我们的历史，亦就不见得有什么重要。有这些缘故，所以国故在今日世界学术上，占不了什么重要的位置。

三、国故是应当研究的么？

讲到学术思想，我们中国人实在是一种久经痼疾、缠绵床蓐、不能行动的人。欧洲近世确有价值的科学，就是我们最适当的药品。我们现在把这种药品，从速服下，还怕太晚，岂有再向别处去求的道理吗？况且我们曾已说起，国故在今日世界学术上，占不了什么重要的位置。似乎我们现在，不当再去研究国故！

但是照得我个人的意思，国故是应当研究的，一是因为国故特有的长处，一是因为国故偶有的长处。什么是国故特有的长处呢？上文曾经说过，国故是中国一段学术史和中国民族过去历史的材料。一国的学术史和一国民族的历史，无论重要不重要，在世界学术上，总算占了一个位置，所以我们便可以去研究它。再说，我们中国向来没有什么好的学术史，亦没有什么真可以说得好的民族的历史。倘若我们从研究国故的结果，得了它们，岂不可乐吗？再说，我们倘若用这样目的去研究国故，我们就可以知道中国从前的学术思想和中国民族所以不很发达的缘故，我们亦就可以知道用什么法子去救济他。譬如一个得了奇病而死的人，是很没有用处的一个东西，却是经一个学问高深的医生，把他解剖起来，就可以得了病理学上的好材料，就有很大的用处。我们中国的国故，亦同这个死人一样。这些都是国故的特长。

我们把国故当作了中国古代的学术思想和中国民族过去历史的材料，我们现在倘若不把学术史从民族的历史里分出来，我们简直可以用“中国过去历史的材料”代替国故这个名词。我知道有许多人对于我这个说话，又必生出许多疑心起来了。我们中国，不是有什么“考据之学”“义理之学”“辞章之学”的么？为什么能够把国故看作过去历史的材料呢？我现在要回答这个疑问，我要先问一句话，这些“什么之学”是指着我们现在自己所有的呢，还是指着古人的呢？倘若指着古人的，“考据之学”不容说就是过去历史的材料了；“义理之学”和“辞章之学”尽可用“过去的学术思想”七个字包括它，因为它们在现在的时候，亦只可做得过去的学术史或思想史的材料，所以亦就是过去历史的一肢一体。倘若是指着我们现在自己所有的，这些“什么之学”是我们的“国新”并不是我们的“国故”。我们须记着，我们是我们——是现在时候的人，古人是古人——是古代的人。还有一层，古人的学术思想，是国故；我们现在研究古人的学术思想，这个学问，亦就是我们的“国新”了。这个学问应该叫做了国故学：它自己并不是国故，它的材料是国故。譬如乾嘉时候的经学，是乾嘉时候的“国故学”，亦就是乾嘉时候的“国新”。可惜到了春秋战国以后，我们中国研究学问的人，大多数只知道“国故学”是世上仅有的，最高尚的学问；不知道还有许多东西，亦是应当研究的。因此从前中国，除了“国故学”以外，独有别样的“国新”；因此数千年来，我们中国人的学术思想，没有多大的变化，没有多大的进步。

国故还有一种偶有的长处。国故的研究，大半的事情就是疏证。三百年来，这种疏证的学问，倒是一天比一天精密。它的最大的利益就是能够使人生成“重征”“求是”的心习。这种心习，是研究各种科学的根本。从前希腊柏拉图开一个哲学的学校，曾宣言道，“不知道几何学的人，不要进门来”。近世欧洲教育家，如斯宾塞尔等，亦多把数学当作“练心”的学科。我们这种疏证的学问，亦有“练心”的长处。一个人能够“真正的”研究国故，养成一种“重征”“求是”的心习，亦是有点好处的。

说到这里，还有一句附带的话。国故虽然应当研究，但是比较起现在世人所应当研究的科学起来，真是“九牛一毛”。宇宙没有限际，真理日见幽远，几段过去的历史，算得了什么东西。现在我们中国人最要紧的事情，就是吸收欧洲现代确有价值的学术，一来医治我们学术思想上的痼疾，二来造成一个能够和欧化“并驾齐驱”的“国新”。倘若要研究国故，亦必须具有“科学的精神”的人，才能和上等医生解剖尸体一样，得了病理学上的好材料。不然，非特没有益处，自己恐怕还要受着传染病而死。至于究竟有几个有“科学的精神”的人，应当去研究国故，是很容易从国故在今日世界学术上的位置知道的。

四、研究国故的人所应当知道的事情

上文方才说过，必须具有“科学的精神”的人，才可以去研究国故；因为就科学二字的广义讲起来，“国故学”可以算做——而且必须算做——现在科学的一种。“科学的精神”这个名词，包括许多意义，大旨就是从前人所说的“求是”。凡立一说，须有证据，证据完备，才可以下判断。对于一种事实，有一个精确的、公平的解析，不盲从他人的说话，不固守自己的意思，择善而从。这都是“科学的精神”。

研究国故的人又有应该知道的，就是国故的性质。国故的一部分，是已死的过去的学术思想，古人的学术思想，不能一定的是，亦不能一定的非。所以我们现在研究它，第一须把古人自己的意思理会清楚，然后再放出我们自己的眼光。是是非非，评论个透彻，就算完事了。现在有一班研究国故的人，说他们的目的是“发扬国光”，这个意思，最是误谬。要知道研究国故能够“发扬国光”亦能够“发扬国丑”。章太炎先生说道“稽古之道，略如写真，修短黑白，使于肖形而止”。这个话最说得明白，我很希望研究国故的人，照这个意思做去！知道这个意思，那“古训是式”“通经致用”等许多学术思想上阻碍的东西，就可不言自破了。研究过去的历史，亦应当用一样的道理。

用科学的精神去研究国故，第一件事就是用科学的精神去采取材料。凡考古的学问，和它种的学问相同，最重要的事情就是有精确的材料。论断的价值，和材料有密切的关系；材料不精确，依据这个材料而立的论断，就没有价值了。譬如作一部中国哲学史，引了许多《洪范》的话，倘若《洪范》这篇书，是后人假托的，他所证明的事理，就没有价值了。又如做一篇孔子的传，引了许多纬书的说话做证据，孔子亦就可以变成《封神传》里的人物了。这种事比引用三代鼎彝的款识来说三代的文字更不可靠。总而言之，能够用科学的精神去研究国故，便能够用科学的精神去选择材料；能够用科学的精神去选择材料，就没有这样的毛病。

五、我对于国故和国故学的感想

我们中国古代的学者，多没有科学的精神，所以国故里面，虽然含有各种科学的零碎材料，实在没有一种学术有现代科学的形式的。这并非专是因为我们中国古人的聪明才力比不上欧洲人的缘故，和我们中国古代的政治、风俗、地理，都有很大的关系。这个关系，非是几句话说得清楚的。我们且学个“既往不咎”不去管它。

近来研究国故的人，多不知道国故的性质，亦没有科学的精神。他们的研究国故，就是“抱残守缺”。试问“抱残守缺”究竟有什么道理呢?

从秦汉以来，非特政治上有“引经折狱”“禹贡治水”等等的笑话，学术思想上亦生出“道德孔孟”“玄谈老庄”等等的魔鬼。有这些魔鬼，我们中国的学术思想才有今日的现象！讲起这些魔鬼的来历，实在是大家“自暴自弃”所致。因为“自暴自弃”才把他本身忘却了，只知道崇拜古人。古人自然亦有应当崇拜的地方，但是这种人除了崇拜古人以外，便没有别的本领。因此研究学问的人，如我在上文所已说过，所研究的都是“国故学”，想不到“国故学”以外还有什么应当研究的东西。间有几个聪明的，想了几个新意思，大家就说他是异端。譬如理学家所说的二程，都有被嫌疑的地方；因为他们曾经念过佛书的。就是讲到国故学，非特大家没有科学的精神，亦只知道墨守古人的成法。譬如刘知畿讲到他以前的人做史的法则，有“疑古”“惑经”等篇，大家就骂他非古，你讲可笑不可笑呢？我们现在要振起学术思想，须先把这些魔鬼驱逐净尽；我们要驱逐这些魔鬼，我们切莫“自暴自弃”把本身忘却了。

近时出版的讲国故学的书籍，章太炎先生的《文始》《检论》和《国故论衡》，又他的杂文如《五朝学》《五朝法律索引》《五朝官制索隐》等，马建忠的《马氏文通》，胡适之先生的《墨家哲学》和《中国上古哲学史大纲》，就大体而言，都是精审的著作。马、胡二君，都是研究过科学的。章君少时研究经学，实在是得疏证学所发生的“重征”“求是”的心习的，这个心习，就是科学的精神。所以章君虽然有许多地方，不免有些“好古”的毛病，却是我们一大部分的“国故学”经过他的手里，才有现代科学的形式。其余如钱、沈、朱诸君所编的《文字学》和朱逖先生所编的《中国古代文学史》等，皆是用科学的精神研究国故的结果。所以我极盼望我们研究国故的学者，都先养成这种科学的精神，切不可空费心力！历史的研究——用现代历史的眼光去研究历史——现在还未十分发达，所以这类的书籍，觉得很少。孙仲容先生的《周礼政要》“那样的”书，自然是很好的，不过他所根据的这个“周礼”，究竟是不是周公的遗制，是一个问题，至于他做这书的原动力，亦未十分的正当。现在有些人用明堂比傅议会，根据《山海经》来讲学术史，说太极图是夏鼎上的东西——这等的论断，我觉得很不妥当。至于国内讲国故学的杂志，前有《国粹学报》等，最近有《国故》，用意皆很好。但是它们里面所登的，有许多亦似乎缺点科学的精神。

学术思想的进步，好象花开的发生一样。经过许多时候的培植，许多时候的灌溉，美丽的花开往往一旦。忽然发见一个新鲜的意思，亦必须经过许多时候的培植，许多时候的灌溉，才能够发现出来。我们且把“文学改革”来做个例。从章太炎先生作《文学论略》的时候到此刻，大约十年了。他这篇《文学论略》里，把一切著于竹帛的文字都叫得“文”，大家因此就可以知道“文”的用处就是达意思代语言。他这篇《论略》里又揭出“作文取法疏证”和“修辞立诚”的两个意思，大家因此就可以觉得媚生谀死的滥作和凭空说理的妄言的讨厌。他这篇《论略》发表以后，过了六七年，《新青年》就载出胡适之先生的《文学改良刍议》。胡君《刍议》的意思，和章君《论略》的意思，有没有一点关系，我们不能妄下断语。但是就我所知道的讲起来，现在有多数人表同情于胡君的《刍议》。章的《论略》实在有“培植灌溉”的功劳，一个人能够知道“文”的功用就是达意思代语言，又知道时间的可贵，断没有绝对的去反对“国语的文学”的。一个人能够明白“修辞立诚”的意思，断没有不觉得从前中国的大部分的文学是没有文学的价值的。设使现在有一个人，他已经赞成章君的《论略》，但是又反对胡君的《刍议》，这个人就可以说得没有真的知道章君的《论略》，亦就可以说得没有科学的精神。

上文所说的，似乎和国故没有什么关系，却是从已有意思生出新意思来，在国故学里，亦是常有的事情。

第一，我们拿《文始》来做个例。汉末的时候，有个刘熙，做了一部《释名》。《释名》的立意，本是要寻求各个名字的原由。寻求一个名字的原由这个意思，亦不纯然是刘熙创造的。如"仁者人也""痒者养也"，已见于春秋各国的书籍；却是在刘熙前后的人，似乎都不大明白这个意思。如《说文》载"天颠也""山宣也"等，已未说明是解释字义还是解释语原。到了后来，又有"音训"的说话，遂把语原学一个很大的题目，包在什么"音训"里面，没有人去仔细研究它。直至最近，我们才有章太炎先生的《文始》。《文始》这部书，固然比《释名》博得多，比它深得多，又比它精审得多，但是寻求语原这个意思，实在是刘熙先有的。我们虽然不能妄说章先生的意思是从《释名》这部书生出来的，却亦不妨是从他生出来的。还有一层，读过《释名》的人，没有寻求语原的意思，就可以说得没有明白著这书的人的意思。

第二，我们拿《马氏文通》来做个例。语言必有一定的规律，是一件很明白的道理，但是我们从前的人，都没有十分想起。有几个聪明的人，如汪中（做了《释三九》三篇，见《述学》）、王引之（做了《经传释词》，这书里实在没有几条关于语律的说话)、俞樾(做了《古书疑义举例》)等,想到这层,亦并没有仔细去研究它。马建忠见欧洲各国都有葛郎玛,就做了一部中国语言的葛郎玛,就是《马氏文通》[1]。这部书的意思,不容说是从外国葛郎玛采取来的了,却实在是一种最有用的国故学。我们现在且再说一个例。从前论“诸子学起原”的人,大概受到刘歆的影响,都说周秦诸子出于王官。章太炎先生作《原学》,才推论学术的建立,和“地齐”“政俗”“材性”有关系。故适之先生又做了一篇《诸子不出于王官论》(见《太平洋》第1卷第7号),都是精确的议论,足以补旧说的缺点[2]。他们所以有

---

❶ 语律或文法的学问,本不必一定是国故学,却是《马氏文通》所讲的,都是古人的语律或文法,并不是今人的,所以是一种国故学。有人说马建忠用外国文法来讲中国文法,这种话亦似而非的。这书里面,亦许有几处受欧洲文法的影响,失于穿凿,但是就我所见的而言,并没有这种毛病。我现在却有一种感想。倘若用马君的功夫,去改良现在的语言,去编就现在的语律,益处必比他做这《文通》多得多。《文通》那样的书,固然是应当作的,但是现在语言的《文通》,比古代语言的《文通》,实在要紧得多。马君仅知道作死语言的《文通》,似乎亦因为受了“古文家”遗毒的缘故。

❷ 我所举的《原学》系指《訄书》里所载的,和现在《国故论衡》所载的有点不同。

章先生在它处讲到诸子学的起原,多未插入《原学》里面的意思,大概是因为他的意思以为这件事没有什么要紧,所以往往举《汉书·艺文志》的说话以备一说。

胡君的论里,谓“诸子之学,皆春秋战国之时势世变所产生”,确是至当的议论;但他绝对的否认诸子出于王官,亦觉得未能十分妥洽。诸子的

这个意思，欧洲的学术史亦应当有点影响。这些都是从已有的意思生出新意思的例，这些都是从善服义的结果，这些都是科学精神的发现！

在做这文的开头，我就把国故当作中国古代的学术思想和中国民族过去的历史。这虽然是国故正当的解释，但是我特别写它出来，也有个意思。现在有一班人，自命为“古文大家”的，正在那里提倡“古文”。他们这个“古文”是个稀奇古怪的东西，稍有常识的人，应该知道它究竟有什么价值没有，我也没有功夫去讨论它。但是有一件，读者应该知道的，就是他们所讲的这个“古文”并没有国故的资格。因为他们已不是古人的学术思想和历史，因为现在时候的古文，是现在人做的，又不是现在人用正当的方法研究国故的结果（现在人的“国故学”就是“国新”，就是科学的一种。近日林纾致蔡孑民先生的信里面有科学不用古文

学术和王官的学术的关系，确有踪迹可寻。诸子的学术起于春秋战国的时势，仍不妨出于王官。水化为气，气聚成云，这变化无方的云，固然是因为空中的气候变化所致；但是一定说云起于气候不生于水，亦不妥当。王官的学术，好像水；春秋战国的时势世变，好像空中的气候；诸子的学术，好像这变化无方的云。再诸子学术的大部分是“治国平天下”的法则。各人所用的法则不同，所用的“器具”亦就不相同，因此诸子的学术有各不相同的地方。这些“器具”，亦不必是诸子自己制造的：诸子——如孔墨等——多用前人遗下的“器具”——如“孝”“尊天”“敬鬼”等。却是这种现成的“器具”，在孔墨以前的时候，都藏在王官那里。刘歆所谓“某家者流盖出于某某之官”，大盖就是指这些“器具”而言。他心里却未能觉得十分的确的，所以加个“盖”字。

的说话，所以我们据他的说话，就可以断定“古文”不是“国新”即不是“国故学”）。所以已不是国故，又不是“国故学”，倘使这种“古文”是我们所应当研究的国故，那“八股”“试帖”亦就是我们所应当研究的国故了。到那时候，国故在今日世界学术上究竟有位置没有，我就不知道了。

最后还有一句话，我说研究国故必须有“科学的精神”的人，我并没有把“有科学的精神的人便知道国故”这个意思包括进去。“科学的精神”虽然是研究国故学的——实在是研究凡百学术的——根本，但是国故这个题目，实在很大，要得一个很精确很有价值的结果，亦非用很大的苦功不成。中国民族过去的历史，和中国古代的学术思想——这些大题目，不容说了。单说研究“国故学”的基本学问，就是古代语言文字的学问，亦非几年苦功不成。还有一层，我这篇文章，不过讲到一点研究国故的方法，并不是什么研究国故的结果，因我亦并没有仔仔细细去研究国故。至于研究国故的方法，我也很愿意听听读者的意见。

八年四月十九日

1919年5月《新潮》第1卷第5号

毛子水《国故与科学精神》识语

傅斯年

两三个月以前，我就想做篇《国故论》，大旨是——

（1）研究国故有两种手段：一，整理国故；二，追摹国故。由前一说，是我所最佩服的。把我中国已往的学术、政治、社会等等做材料研究出些有系统的事物来，不特有益于中国学问界，或者有补于“世界的”科学。中国是个很长的历史文化的民族，所以中华国故在“世界的”人类学、考古学、社会学、言语学等等的材料上，占个重要的部分。或者因为中华国故的整理的发明，“世界的”学问界上，生一小部分新采色——如梵文的发明，使得欧洲言语学上得个新生命；婆罗门经典入欧洲，便有叔本华派的哲学；澳洲生物界的发明，进化论的原理上得些切实的证据等等——亦未可知。我不是说中华国故里面有若干完全的系统，为近代欧洲所不及的；我是说中华国故里面或者有几项可以提醒我们（Suggestions)。至于追摹国故，忘了理性，忘了自己，真所谓“其愚不可及”了。

（2）所以国故的研究是学术上的事，不是文学上的事，国故是材料不是主义。若是本着“大国故主义”行下去——一切以古义为断——在社会上有非常的危险。

（3）国粹不成一个名词（请问国而且粹的有几？），实在不如国故妥协。至于保存国粹，尤其可笑。凡是一件事物讲到保存两字，就把往博物院去的运命和盘托出了。我们若真要做古人的肖子，也当创造国粹（就是我们自己发明点新事物），不当保存国粹。天地间事，不进就退，没有可以保存得住的。

（4）研究国故必须用科学的主义和方法，而决不是“抱残守缺”的人所能办到的。

（5）研究国故好像和输入新知立于对待的地位，其实两件事的范围，分量需要，是一和百的比例。

现在有毛君这篇文章，意思固然是妥当万分，就是文章也极畅快，我佩服的很，自己的文章大可不做了。

1919年5月1日《新潮》第1卷第5号

我们对于国故应取的态度

顾颉刚

从前人对于国故，只有一个态度，就是："择其善者而从之，其不善者而弃之"。他们认定了一个自己愿入的家派，就去说那一个家派的话。一个家派中最早的人的说话，就是一个家派的学问基础。所以他们尽管去做学问，尽管去整理国故，但终似齐天大圣的筋斗，总跳不出如来的五根肉柱。这还是宗教的态度。

现在我们就不然了。我们是立在家派之外，用平等的眼光去整理各家派或向来不入家派的思想学术。我们也有一个态度，就是："看出它们原有的地位，还给它们原有的价值"。我们没有"善"与"不善"的分别，也没有"从"与"弃"的需要。我们现在应该走的路，自有现时代指示我们，无须向国故中讨教诲。所以要整理国故之故，完全是为了要满足历史上的兴趣，或是研究学问的人要把它当作一种职业。并不是向古人去学本领，请古人来收徒弟。

正如住在上海的人，要知道上海一埠如何区划，街道怎么走，只要到棋盘街商务印书馆里去买一张《最新实测上海图》看看。若这个人没有走到棋盘街，先在四马路上旧书坊里看见了一张光绪二十六年的上海地图，论理就应该不顾而去，因为这二十余年之内，上海已经改变得多了，从前英美租界也没有并，沪宁铁路和电车路也没有造，闸北还没有多少房屋，上海县还有城墙围住，如今一切不适用了。若这人竟买了这图，去供他检查的需要，把应买的图却忘了，我们可以说，他不是一个疯子，也定是一个糊涂人。但若有一个人，他不但要知道现在的上海，而且更要知道从前的上海，那就不然了。他对于上海地图，无论什么时候的都要：光绪二十六年的固好，道光三十年的更是欢喜；宋明的地图固要寻觅，唐以前上海还没有出来时的沿海图更是渴想；若是得不到时，还要自去画图。他的收集古图，并不是希望它指出现在要走的路径，乃是要知道上海的沿革，满足他历史地理学上的知识欲。

这个“实行”和“研究”的分别，意义很浅很明白，但可怜没有学问兴味的中国人永久弄不明白。他们以为新与旧的人截然两派，所用的材料也截然两种：研究了国故就不应再有新文学运动的气息；做新文学运动的也不应再去整理国故。所以加入新文学运动的人多了，大家就叹息痛恨于“国粹沦丧”了，他们不知道新文学与国故并不是冤仇对垒的两处军队，乃是一种学问上的两个阶段。生在现在的人，要说现在的话，所以要有新文学运动。生在现在的人，要知道过去的生活状况，与现在各种境界的由来，所以要有整理国故的要求。国故的范围很大，内容也很杂，所以要整理到科学的境域，使得我们明白了解古人的生活状况，对于他们心力造成的成绩有确当的领会与处置。国故里的文学一部分整理了出来，可以使得研究文学的人明了从前人的文学价值的程度更增进，知道现在人所以应做新文学的缘故更清楚。此外没有别的效用。

至于整理的方法，大约可以分做四段：第一是收集，第二是分类，第三是批评，第四是比较。收集时，无论什么东西都要，只消是过去的社会中所产生的。分类是把收集来的材料归纳起来，尽了分类的能事去处置它们（一件材料尽可互见几十类），使得它们的性质可以完全表显出来。材料有了，性质也知道了，就可加上批评，说明它们承前的原因是什么，当时的位置是怎样，传到后来的影响又是怎样。各种的关系都明白了，才可拿来与古今中外同类的思想学术相比较，看出它们彼此的价值。整理的事情完了，各种的国故在科学中都有它的立足点了。但这是何等的一件难事！

我们且举一个极小的范围作例。倘使现在有人说，“我们要征集小曲”，大家听来，总以为是极易的。但去着手做时，难问题就来了。印在本子上的，固是容易找，但书铺子里还是没有，须得亲身向小摊子上觅去。唱在口里的，就很不容易：有的听不到，有的听到而不及写出，有的问了他而不肯告你；就是肯告你了，又是有的不完全，有的写不出来。这还是说的一个地方，但全国有多少处地方，一处有多少种小曲，这种的材料去寻找时真是无穷无尽，不去寻找时又几乎无踪无影，我们如何能把它收集得略略完备呢？这还是说的现在流行的，若古代的东西，大都是已经失传了，即到今尚未失传，而有的是沉埋在僻处没有发见，有的是藏在人家的孤本，有的是一部冷书上的偶然记载，我们又如何可以得着它一点规模呢？这还是说的歌词方面，若是歌词的历史方面这一种调或这一首歌是从何时何处传来的？何地或何人把它那样改变的？流行的区域是哪几处？里边的小派别有多少种？这种的问题，我们固是无从解答，连会唱的人也未必能够解答，我们又如何可以收集得一点材料呢？这还是一个很小的范围，还是一段最不用心的手续，已经如此的没有把握，何况国故全部的范围这么大，内容这么杂，整理手续的烦重又到了怎样的程度呢！

整理手续既烦重，或有人说，“我们传进世界文学还来不及，那有闲工夫弄这国故！”但说这话的人，他的襟怀也不免窄狭了。国故中的文学与世界文学要是可以打成两截的，才可各不相关。况且我们没有历史观念也就罢了，若是有了历史观念，又如何禁得住求知过去情状的渴望！

整理国故固是新文学运动中应有的事，但欢喜文学的人中，尽有专从艺术上着眼，不想做历史的研究的，也有不耐做整理的工夫的，这一班人只须欣赏艺术，不要一同整理国故。至于性情宜于整理国故的人，不可不及早努力，因为材料这么多，整理的事几乎尚未动手，已经追不上我们历史的要求了！

1923年1月《小说月报》第14卷第1号

《国学季刊》发刊宣言

胡适

近年来，古学的大师渐渐死完了，新起的学者还不曾有什么大成绩表现出来。在这个青黄不接的时期，只有三五个老辈在那里支撑门面。古学界表面上的寂寞，遂使许多人发生无限的悲观。所以有许多老辈遂说："古学要沦亡了！""古书不久要无人能读了！"

在这个悲观呼声里，很自然的发出一种没气力的反动的运动来。有些人还以为西洋学术思想的输入是古学沦亡的原因，所以他们至今还在那里抗拒那他们自己也莫名其妙的西洋学术。有些人还以为孔教可以完全代表中国的古文化，所以他们至今还梦想孔教的复兴，甚至于有人竟想抄袭基督教的制度来光复孔教。有些人还以为古文古诗的保存就是古学的保存了，所以他们至今还想压语体文字的提倡与传播。至于那些静坐扶乩，逃向迷信里去自寻安慰的，更不用说了。

在我们看起来，这些反动都只是旧式学者破产的铁证；这些行为，不但不能挽救他们所忧虑的国学之沦亡，反可以增加国中少年人对于古学的藐视。如果这些举动可以代表国学，国学还是沦亡了更好！

我们平心静气地观察这三百年的古学发达史，再观察眼前国内和国外的学者研究中国学术的现状，我们不但不抱悲观，并且还抱无穷的乐观。我们深信，国学的将来，定能远胜国学的过去；过去的成绩虽然未可厚非，但将来的成绩一定还要更好无数倍。

自从明末到于今，这三百年，诚然可算是古学昌明时代。总括这三百年的成绩，可分这些方面：

(1)整理古书。在这方面，又可分三门。第一，本子的校勘；第二，文字的训诂；第三，真伪的考订。考订真伪一层，乾嘉的大师（除了极少数学者如崔述等之外）都不很注意，只有清初与晚清的学者还肯做这种研究，但方法还不很精密，考订的范围也不大。因此，这一方面的整理，成绩比较的就最少了。然而校勘与训诂两方面的成绩实在不少。戴震、段玉裁、王念孙、阮元、王引之们的治“经”；钱大昕、赵翼、王鸣盛、洪亮吉们的治“史”，王念孙、俞樾、孙诒让们的治“子”；戴震、王念孙、段玉裁、邵晋涵、郝懿行、钱绎、王筠、朱骏声们的治古词典，都有相当的成绩。

重要的古书，经过这许多大师的整理，比三百年前就容易看的多了。我们试拿明刻本的《墨子》来比孙诒让的《墨子间诂》，或拿二徐的《说文》来比清儒的各种《说文》注，就可以量度这几百年整理古书的成绩了。

（2）发现古书。清朝一代所以能称为古学复兴时期，不单因为训诂校勘的发达，还因为古书发现和翻刻之多。清代中央政府，各省书局，都提倡刻书。私家刻的书更是重要：丛书与单行本、重刊本、精校本、摹刻本、近来的影印本。我们且举一个最微细的例。近三十年内发现与刻行的宋元词集，给文学史家添了多少材料？清初朱彝尊们固然见着不少的词集，但我们今日购买词集之便易，却是清初词人没有享过的福气了。翻刻古书孤本之外，还有辑佚书一项，如《古经解钩沉》《小学钩沉》《玉函山房辑佚书》和《四库全书》里那几百种从《永乐大典》辑出的佚书，都是国学史上极重要的贡献。

（3）发现古物。清朝学者好古的风气不限于古书一项，风气所被，遂使古物的发现、记载、收藏，都成了时髦的嗜好。鼎彝、泉币、碑版、壁画、雕塑、古陶器之类，虽缺乏系统的整理，材料确是不少了。最近三十年来，甲骨文字的发现，竟使殷商一代的历史有了地底下的证据，并且给文字学添了无数的最古材料。最近辽阳、河南等处石器时代的文化的发现，也是一件极重要的事。

但这三百年的古学的研究，在今日估计起来，实在还有许多缺点。三百年的第一流学者的心思精力都用在这一方面，而究竟还只有这一点点结果，也正是因为有这些缺点的缘故。那些缺点，分开来说，也有三层：

（1）研究的范围太狭窄了。这三百年的古学，虽然也有整治史书的，虽然也有研究子书的，但大家的眼光与心力注射的焦点，究竟只在儒家的几部经书。古韵的研究、古词典的研究、古书旧注的研究、子书的研究，都不是为这些材料的本身价值而研究的。一切古学都只是经学的丫头！内中固然也有婢作夫人的，如古韵学之自成一种专门学问，如子书的研究之渐渐脱离经学的羁绊而独立。但学者的聪明才力被几部经书笼罩了三百年，那是不可讳的事实。况且在这个狭小的范围里，还有许多更狭小的门户界限。有汉学和宋学的分家，有今文和古文的分家，甚至于治一部《诗经》还要舍弃东汉的郑笺而专取西汉的毛传。专攻本是学术进步的一个条件，但清儒狭小研究的范围，却不是没有成见的分功。他们脱不了“儒书一尊”的成见，故用全力治经学，而只用余力去治它书。他们又脱不了“汉儒去古未远”的成见，故迷信汉人，而排除晚代的学者。他们不知道材料固是愈古愈可信，而见解则后人往往胜过前人，所以他们力排郑樵、朱熹而迷信毛公、郑玄。今文家稍稍能有独立的见解了，但他们打倒了东汉，只落得回到西汉的圈子里去。研究的范围的狭小是清代学术所以不能大发展的一个绝大原因。三五部古书，无论怎样绞来挤去，只有那点精华和糟粕。打倒宋朝的“道士易”固然是好事，但打倒了“道士易”，跳过了魏晋人的“道家易”，却回到两汉的“方士易”，那就是很不幸的了。《易》的故事如此，《诗》《书》《春秋》《三礼》的故事也是如此。三百年的心思才力，始终不曾跳出这个狭小的圈子外去！

（2）太注重功力而忽略了理解。学问的进步有两个重要方面：一是材料的积聚与剖解；一是材料的组织与贯通。前者须靠精勤的功力，后者全靠综合的理解。清儒有鉴于宋明学者专靠理解的危险，所以努力做朴实的功力而力避主观的见解。这三百年之中，几乎只有经师，而无思想家；只有校史者，而无史家；只有校注，而无著作。这三句话虽然很重，但我们试除去戴震、章学诚、崔述几个人，就不能不承认这三句话的真实了。章学诚生当乾隆盛时（乾隆，1736—1795；章学诚，1738—1800），大声疾呼地警告当日的学术界道：

> 今之博雅君子，疲精劳神于经传子史，而终身无得于学者，正坐……误执求知之功力，以为学即在是尔。学与功力实相似而不同。学不可以骤几，人当致攻乎功力，则可耳。指功力以为学，是犹指秫黍以为酒也。（《文史通义·博约篇》）

他又说：

> 近日学者风气，征实太多，发挥太少，有如蚕食叶而不能抽丝。（《章氏遗书·与汪辉祖书》）

古人说："鸳鸯绣取从君看，不把金针度与人。"单把绣成的鸳鸯给人看，而不肯把金针教人，那是不大度的行为。然而天下的人不是人人都能学绣鸳鸯的，多数人只爱看鸳鸯，而不想自己动手去学绣。清朝的学者只是天天一针一针的学绣，始终不肯绣鸳鸯。所以他们尽管辛苦殷勤的做去，而在社会的生活思想上几乎全不发生影响。他们自以为打倒了宋学，然而全国的学校里读的书仍旧是朱熹的《四书集注》《诗集传》《易本义》等书。他们自以为打倒了伪《古文尚书》，然而全国村学堂里的学究仍旧继续用蔡沈的《书集传》。三百年第一流的精力，二千四百三十卷的《经解》，仍旧不能替换朱熹一个人的几部启蒙的小书！这也可见单靠功力而不重理解的失败了。

（3）缺乏参考比较的材料。我们试问，这三百年的学者何以这样缺乏理解呢？我们推求这种现象的原因，不能不回到第一层缺点——研究的范围的过于狭小。宋明的理学家所以富于理解，全因为六朝唐以后佛家与道士的学说弥漫空气中，宋明的理学家全都受了他们的影响，用他们的学说作一种参考比较的资料。宋明的理学家，有了这种比较研究的材料，就像一个近视眼的人戴了近视眼镜一样，从前看不见的，现在都看见了，从前不明白的，现在都明白了。同是一篇《大学》，汉魏的人不很注意他，宋明的人忽然十分尊崇他，把他从《礼记》里抬出来，尊为《四书》之一，推为"初学入德之门"。《中庸》也是如此的。宋明的人戴了佛书的眼镜，望着《大学》《中庸》，便觉得"明明德""诚""正心诚意""率性之谓道"等等话头都有哲学的意义了。清朝的学者深知戴眼镜的流弊，决意不配眼镜，却不知道近视而不戴眼镜，同瞎子相差有限。说《诗》的回到《诗序》，说《易》的回到"方士易"，说《春秋》的回到《公羊》，可谓"陋"之至了。然而我们试想这一班第一流才士，何以陋到这步田地，可不是因为他们没有高明的参考资料吗？他们排斥"异端"，他们得着一部《一切经音义》，只认得他有保存古韵书古词典的用处。他们拿着一部子书，也只认得他有旁证经文古义的功用。他们只向那几部儒书里兜圈子，兜来兜去，始终脱不了一个"陋"字！打破这个"陋"字，没有别的法子，只有旁搜博采，多寻参考比较的材料。

以上指出的这三百年的古学研究的缺点，不过是随便挑出了几桩重要的。我们的意思并不要菲薄这三百年的成绩，我们只想指出他们的成绩所以不过如此的原因。前人上了当，后人应该学点乖。我们借鉴于先辈学者的成功与失败，然后可以决定我们现在和将来研究国学的方针。我们不研究古学则已，如要想提倡古学的研究，应该注意这几点：

（1）扩大研究的范围。

（2）注意系统的整理。

（3）博采参考比较的资料。

（1）怎样扩大研究的范围呢？“国学”在我们的心眼里，只是“国故学”的缩写。中国的一切过去的文化历史，都是我们的“国故”；研究这一切过去的历史文化的学问，就是“国故学”，省称为“国学”。“国故”这个名词，最为妥当；因为他是一个中立的名词，不含褒贬的意义。“国故”包含“国粹”，但他又包含“国渣”。我们若不了解“国渣”，如何懂得“国粹”？所以我们现在要扩充国学的领域，包括上下三四千年的过去文化，打破一切的门户成见：拿历史的眼光来整统一切，认清了“国故学”的使命是整理中国一切文化历史，便可以把一切狭陋的门户之见都扫空了。例如治经，郑玄、王肃在历史上固然占一个位置，王弼、何晏也占一个位置，王安石、朱熹也占一个位置，戴震、惠栋也占一个位置，刘逢禄、康有为也占一个位置。段玉裁曾说：

校经之法，必以贾还贾，以孔还孔，以陆还陆，以杜还杜，以郑还郑，各得其底本，而后判其义理之是非。……不先正《注》《疏》《释文》之底本，则多诬古人。不断其立说之是非，则多误今人。（《经韵楼集·与诸同志书论校书之难》。）

我们可借他论校书的话来总论国学。我们也可以说：

整治国故，必须以汉还汉，以魏晋还魏晋，以唐还唐，以宋还宋，以明还明，以清还清；以古文还古文家，以今文还今文家，以程朱还程朱，以陆王还陆王……各还他一个本来面目，然后评判各代各家各人的义理的是非。不还他们的本来面目，则多诬古人。不评判他们的是非，则多误今人。但不先弄明白了他们的本来面目，我们决不配评判他们的是非。

这还是专为经学哲学说法。在文学的方面，也有同样的需要。庙堂的文学固可以研究，但草野的文学也应该研究。在历史的眼光里，今日民间小儿女唱的歌谣，和《诗》三百篇有同等的位置；民间流传的小说，和高文典册有同等的位置，吴敬梓、曹沾和关汉卿、马东篱和杜甫、韩愈有同等的位置。故在文学方面，

也应该把三百篇还给西周东周之间的无名诗人，把《古乐府》还给汉魏六朝的无名诗人，把唐诗还给唐，把词还给五代两宋，把小曲杂剧还给元朝，把明清的小说还给明清。每一个时代，还他那个时代的特长的文学，然后评判他们的文学的价值。不认明每一个时代的特殊文

学，则多诬古人而多误今人。

近来颇有人注意戏曲和小说了，但他们的注意仍不能脱离古董家的习气。他们只看得起宋人的小说，而不知道在历史的眼光里，一本石印小字的《平妖传》和一部精刻的残本《五代史平话》有同样的价值，正如《道藏》里极荒谬的道教经典和《尚书》《周易》有同等的研究价值。

总之，我们所谓“用历史的眼光来扩大国学研究的范围”，只是要我们大家认清国学是国故学，而国故学包括一切过去的文化历史。历史是多方面的：单记朝代兴亡，固不是历史；单有一宗一派，也不成历史。过去种种，上自思想学术之大，下至一个字，一只山歌之细，都是历史，都属国学研究的范围。

（2）怎样才是“注意系统的整理”呢？学问的进步不单靠积聚材料，还须有系统的整理。系统的整理可分三步说：

（甲）索引式的整理。不曾整理的材料，没有条理，不容易检寻，最能销磨学者有用的精神才力，最足阻碍学术的进步。若想学问进步增加速度，我们须想出法子来解放学者的精力，使他们的精力用在最经济的方面。例如一部《说文解字》，是最没有条理系统的，向来的学者差不多全靠记忆的苦工夫，方才能用这部书。但这种苦工夫是最不经济的，如果有人能把《说文》重新编制一番（部首依笔画，每部的字也依笔画），再加上一个检字的索引（略如《说文通检》或《说文易检》），那就可省许多无谓的时间与记忆力了。又如一部二十四史，有了一部《史姓韵编》，可以省多少精力与时间。清代的学者也有见到这一层的，如章学诚说：

> 窃以典籍浩繁，闻见有限；在博雅者且不能悉究无遗，况其下乎？校雠之先，宜尽取四库之藏，中外之籍，择其中之人名地名官阶书目，凡一切有名可治有数可稽者，略仿《佩文韵府》之例，悉编为韵。乃于本韵之下，注明原书出处及先后篇第；自一见再见，以至数千百，皆详注之；藏之馆中，以为群书之总类。至校书之时，遇有疑似之处，即名而求其编韵，因韵而检其本书，参互错综，即可得其至是。此则渊博之儒穷毕生年力而不可究殚者，今即中才校勘可坐收于几席之间，非校雠之良法欤？（《校雠通义》）

当日的学者如朱筠、戴震等，都有这个见解，但这件事不容易做到，直到阮元得势力的时候，方才集合许多学者合力做成一部空前的《经籍纂诂》，“展一韵而众字毕备，检一字而诸训皆存，寻一训而原书可识”（王引之序）；“即字而审其义，依韵而类其字，有本训，有转训，次叙布列，若网在纲”（钱大昕序）。这种书的功用，在于节省学者的功力，使学者不疲于功力之细碎，而省出精力来做更有用的事业。后来这一类的书被科场士子用作夹带的东西，用作抄窃的工具，所以有许多学者竟以用这种书为可耻的事，这是大错的。这一类“索引”式的整理，乃是系统的整理的最低而最不可少的一步。没有这一步的预备，国学止限于少数有天才而又有闲空工夫的少数人，并且这些少数人也要因功力的拖累而减少他们的成绩。偌大的事业，应该有许多人分担去做的，却落在少数人的肩膀上，这是国学所以不能发达的一个重要原因。所以我们主张，国学的系统的整理的第一步是提倡这种“索引”式的整理，把一切大部的书或不容易检查的书，一概编成索引，使人人能用古书。人人能用古书，是提倡国学的第一步。

（乙）结账式的整理。商人开店，到了年底，总要把这一年的账结算一次，要晓得前一年的盈亏和年底的存货，然后继续进行，做明年的生意。一种学术到了一个时期，也有总结账的必要。学术上结账的用处有两层：一是把这一种学术里已经不成问题的部分整理出来，交给社会；二是把那不能解决的部分特别提出来，引起学者的注意，使学者知道何处有隙可乘，有功可立，有困难可以征服。结账是（1）结束从前的成绩，（2）预备将来努力的新方向。前者是预备普及的，后者是预备继长增高的。古代结账的书，如李鼎祥的《周易集解》，如陆德明的《经典释文》，如唐宋的《十三经注疏》，如朱熹的《四书》《诗集传》《易本义》等，所以都在后世发生很大的影响，全是这个道理。三百年来，学者都不肯轻易做这种结账的事业。二千四百多卷的《清经解》，除了极少数之外，都只是一堆“流水”烂账，没有条理，没有系统；人人从“粤若稽古”“关关雎鸠”说起，人人做的都是杂记式的稿本！怪不得学者看了要“望洋兴叹”了，怪不得国学有沦亡之忧了。我们试看科举时代投机的书坊肯费整年工夫来编一部《皇清经解缩本编目》，便可以明白索引式的整理的需要，我们又看那时代的书坊肯费几年的工夫来编一部《皇清经解分经汇纂》，便又可以明白结账式的整理的需要了。现在学问的途径多了，学者的时间与精力更有经济的必要了。例如《诗经》，二千年研究的结果，究竟到了什么田地，很少人说得出的，只因为二千年的《诗经》烂账至今不曾有一次的总结算。宋人驳了汉人，清人推翻了宋人，自以为回到汉人。至今《诗经》的研究，音韵自音韵，训诂自训诂，异文自异文，序说自序说，各不相关连。少年的学者想要研究《诗经》的，伸头望一望，只看见一屋子的烂账簿，吓得吐舌缩不进去，只好叹口气，"算了罢！"《诗经》在今日所以渐渐无人过问，是少年人的罪过呢？还是《诗经》的专家的罪过呢？我们以为，我们若想少年学者研究《诗经》，我们应该把《诗经》这笔烂账结算一遍，造成一笔总账。《诗经》的总账里应该包括这四大项：

（A）异文的校勘：总结王应麟以来，直到陈乔枞、李富孙等校勘异文的账。

（B）古韵的考究：总结吴棫、朱熹、陈第、顾炎武以来考证古音的账。

（C）训诂：总结毛公、郑玄以来直到胡承珙、马瑞辰、陈奂、二千多年训诂的账。

（D）见解（序说）：总结《诗序》《诗辨妄》《诗集传》《伪诗传》，姚际恒，崔述，龚橙，方玉润等二千年猜谜的账。

有了这一本总账，然后可以使大多数的学子容易踏进"《诗经》研究"之门，这是普及。入门之后，方才可以希望他们之中有些人出来继续研究那总账里未曾解决的悬账：这是提高。《诗经》如此，一切古书古学都是如此。我们试看前清用全力治经学，而经学的书不能流传于社会，倒是那几部用余力做的《墨子间诂》《荀子集解》《庄子集释》一类结账式的书流传最广。这不可以使我们觉悟结账式的整理的重要吗？

（丙）专史式的整理。索引式的整理是要使古书人人能用，结账式的整理是要使古书人人能读，这两项都只是提倡国学的设备。但我们在上文曾主张，国学的使命是要使大家懂得中国的过去的文化史，国学的方法是要用历史的眼光来整理一切过去文化的历史，国学的目的是要做成中国文化史。国学的系统的研究，要以此为归宿。一切国学的研究，无论时代古今，无论问题大小，都要朝着这一个大方向走。只有这个目的可以整统一切材料，只有这个任务可以容纳一切努力，只有这种眼光可以破除一切门户畛域。

我们理想中的国学研究，至少有这样的一个系统：

中国文化史：1.民族史；2.语言文字史；3.经济史；4.政治史；5.国际交通史；6.思想学术史；7.宗教史；8.文艺史；9.风俗史；10.制度史。

这是一个总系统。历史不是一件人人能做的事，历史家须要有两种必不可少的能力：一是精密的功力，一是高远的想象。没有精密的功力，不能做搜求和评判史料的工夫；没有高远的想象力，不能构造历史的系统。况且中国这么大，历史这么长，材料这么多，除了分工合作之外，更无他种方法可以达到这个大目的。但我们又觉得，国故的材料太纷繁了，若不先做一番历史的整理工夫，初学的人实在无从下手，无从入门。后来的材料也无所统属，材料无所统属，是国学纷乱烦碎的重要原因。所以我们主张，应该分这几个步骤：

第一，用现在力所能搜集考定的材料，因陋就简的先做成各种专史，如经济史、文学史、哲学史、数学史、宗教史……之类。这是一些大间架，他们的用处只是要使现在和将来的材料有一个附丽的地方。

第二，专史之中，自然还可分子目，如经济史可分时代，又可分区域；如文学史哲学史可分时代，又可分宗派，又可专治一人；如宗教史可分时代，可专治一教，或一宗派，或一派中的一人。这种子目的研究是学问进步必不可少的条件。治国学的人应该各就“性之所近而力之所能勉者”，用历史的方法与眼光去担任一部分的研究。子目的研究是专史修正的唯一源头，也是通史修正的唯一源头。

（3）怎样“博采参考比较的资料”呢？向来的学者误认“国学”的“国”字是国界的表示，所以不承认“比较的研究”的功用。最浅陋的是用“附会”来代替“比较”。他们说基督教是墨教的绪馀，墨家的“巨子”即是“矩子”，而“矩子”即是十字架！……附会是我们应该排斥的，但比较的研究是我们应该提倡的。有许多现象，孤立的说来说去，总说不通，总说不明白。一有了比较，竟不须解释，自然明白了。例如一个“之”字，古人说来说去，总不明白。现在我们懂得西洋文法学上的术语，只须说某种“之”字是内动词（由是而之焉），某种是介词（贼夫人之子），某种是指物形容词（之子于归），某种是代名词的第三身用在目的位(爱之能勿劳乎),就都明白分明了。又如封建制度,向来被那方块头的分封说欺骗了,所以说来说去,总不明白。现在我们用欧洲中古的封建制度和日本的封建制度来比较,就容易明白了。音韵学上,比较的研究最有功效。用广东音可以考《侵覃》各韵的古音,可以考古代入声各韵的区别。近时西洋学者如Karlgren,如Baron von Stael-Holstein,用梵文原本来对照汉文译音的文字,很可以帮助我们解决古音学上的许多困难问题。不但如此,日本语里、朝鲜语里、安南语里,都保存有中国古音可以供我们的参考比较。西藏文自唐朝以来,音读虽变了,而文字的拼法不曾变,更可以供我们的参考比较,也许可以帮助我们发现中国古音里有许多奇怪的复辅音呢。制度史上,这种比较的材料也极重要。懂得了西洋的议会制度史,我们更可以了解中国御史制度的性质与价值;懂得了欧美高等教育制度史,我们更能了解中国近一千年来的书院制度的性质与价值。哲学史上,这种比较的材料已发生很大的助力了。《墨子》里的《经上下》诸篇,若没有印度因明学和欧洲哲学作参考,恐怕至今还是几篇无人能解的奇书。韩非、王莽、王安石、李贽……一班人,若没有西洋思想作比较,恐怕至今还是沉冤莫白。看惯了近世国家注重财政的趋势,自然不觉得李觏、王安石的政治思想的可怪了。懂得了近世社会主义的政策,自然不能不佩服王莽、王安石的见解和魄力了。《易·系辞传》里“易者,象也”的理论,得柏拉图的“法象论”的比较而更明白;荀卿书里“类不悖,虽久同理”的理论,得亚里士多德的“类不变论”的参考而更易懂。这都是明显的例。至于文学史上，小说戏曲近年忽然受学者的看重，民间俗歌近年渐渐引起学者的注意，都是和西洋文学接触比较的功效更不消说了。此外，如宗教的研究，民俗的研究，美术的研究，也都是不能不利用参考比较的材料的。

以上随便举的例，只是要说明比较参考的重要。我们现在治国学，必须要打破闭关孤立的态度，要存比较研究的虚心。第一，方法上，西洋学者研究古学的方法早已影响日本的学术界了，而我们还在冥行索途的时期。我们此时正应该虚心采用他们的科学的方法，补救我们没有条理系统的习惯。第二，材料上，欧美日本学术界有无数的成绩可以供我们参考比较，可以给我们开无数新法门，可以给我们添无数借鉴的镜子。

学术的大仇敌是孤陋寡闻；孤陋寡闻的唯一良药是博采参考比较的材料。

我们观察这三百年的古学史，研究这三百年的学者的缺陷，知道他们的缺陷都是可以补救的。我们又返观现在古学研究的趋势，明白了世界学者供给我们参考比较的好机会，所以我们对于国学的前途，不但不抱悲观，并且还抱无穷的乐观。我们认清了国学前途的黑暗与光明全靠我们努力的方向对不对。因此，我们提出这三个方向来做我们一班同志互相督责勉励的条件：

第一，用历史的眼光来扩大国学研究的范围。

第二，用系统的整理来部勒国学研究的资料。

第三，用比较的研究来帮助国学的材料的整理与解释。

1923年1月《国学季刊》第1卷第1号

历史语言研究所工作之旨趣

傅斯年

历史学和语言学在欧洲都是很近才发达的。历史学不是著史，著史每多多少少带点古世中世的意味，且每取伦理家的手段，作文章家的本事。近代的历史学只是史料学，利用自然科学供给我们的一切工具，整理一切可逢着的史料，所以近代史学所达到的范域，自地质学以至目下新闻纸，而史学外的达尔文论正是历史方法之大成。欧洲近代的语言学在梵文的发见影响了两种古典语学以后才降生，正当十八十九世纪之交。经几个大家的手，印度日耳曼系的语言学已经成了近代学问最光荣的成就之一个，别个如赛米的系，芬匈系，也都有相当的成就，即在印度支那语系，也都有意味的揣测。十九世纪下半叶的人们又注意到些个和欧洲语言全不相同的语言，如黑人的话等等。“审音之功”更大进步，成就了甚细密的实验语音学，而一语里面方言研究之发达，更使学者知道语言流变的因缘，所以以前比较言语学尚不过是和动物植物分类学或比较解剖学在一列的，最近一世语言学所达到的地步，已经是生物发生学、环境学、生理学了。无论综比的系族语学，如印度日耳曼族语学等等，或各种的专语学，如日耳曼语学、芬兰语学、伊斯兰语学等等，在现在都成大国。本来语言即是思想，一个民族的语言即是这一个民族精神上的富有，所以语言学总是一个大题目，而直到现在的语言学的成就也很能副这一个大题目。在历史学和语言学发达甚后的欧洲是如此，难道在这些学问发达甚早的中国，必须看着它荒废，我们不能制造别人的原料，便是自己的原料也让别人制造吗?

论到语言学和历史学在中国的发达是很引人寻思的。西历纪元前两世纪的司马迁，能那样子传信存疑以别史料，能作八书，能排比列国的纪年，能有若干观念比十九世纪的大名家还近代些。北宋的欧阳修一面修《五代史》，纯粹不是客观的史学，一面却作《集古录》，下手研究直接材料，是近代史学的真功夫。北南宋的人虽然有欧阳修的《五代史》，朱熹的《纲目》，是代表中世古世的思想的，但如司马光作《通鉴》，“遍阅旧史，旁采小说”，他和刘攽、刘恕、范祖禹诸人能利用无限的史料，考定旧记，凡《通鉴》和所谓正史不同的地方，每多是详细考定的结果。可惜《长篇》不存在，我们不得详细看他们的方法，然尚有《通鉴考异》说明史料的异同。宋朝晚年一切史料的利用，及考定辨疑的精神，有些很使人更惊异的。照这样进化到明朝，应可以有当代欧洲的局面了，不幸胡元之乱，明朝人之浮夸，不特不进步，或者退步了。明清之交，浙东的史学派又发了一个好端涯，但康熙以后渐渐地熄灭，无论官书和私著，都未见得开新趋向，这乃由于满族政府最忌真史学发达之故。语言学中，中国虽然没有普日尼，但中国语本不使中国出普日尼，而中国文字也出了《说文解字》。这书虽然现在看来只是一部没有时代观念，不自知说何文解何字的系统哲学，但当年总是金声玉振的书，何况还有认识方言的輶轩使者？古代的故事且少论，论近代：顾炎武搜求直接的史料订史文，以因时因地的音变观念为语学，阎若璩以实在地理订古记载，以一切比核辨证伪孔；不注经而提出经的题目，并解决了它，不著史而成就了可以永远为法式的辨史料法。亭林、百诗这样对付历史学和语言学，是最近代的，这样立足便是不朽的遗训。不幸三百年前虽然已经成就了这样近代的一个遗训，一百多年前更有了循这遗训的形迹而出的好成就，而到了现在，除零零星星几个例外以外，不特不因和西洋人接触，能够借用新工具，扩张新材料，反要坐看修元史修清史的做那样官样形式文章，又坐看章炳麟君一流人尸学问上的大权威。章氏在文字学以外是个文人，在文字学以内做了一部《文始》，一步倒退过孙诒让，再步倒退过吴大澂，三步倒退过阮元，不特自己不能用新材料，即是别人已经开头用了的新材料，他还抹杀着。至于那部《新方言》，东西南北的猜去，何尝寻杨雄就一字因地变异作观察？这么竟倒退过二千多年了。

推绎说去，为什么在中国的历史学和语言学开了一个好的端绪以后，不能随时发展，到了现在这样落后呢？这原故本来显然，我们可以把一句很平实的话作一个很概括的标准。

（一）凡能直接研究材料，便进步；凡间接地研究前人所研究或前人所创造之系统，而不繁丰细密的参照所包含的事实，便退步。上项正是所谓科学的研究，下项正是所谓书院学究的研究。在自然科学是这样，在语言学和历史学亦何尝不然？举例说，以《说文》为本体，为究竟，去作研究的文字学，是书院学究的作为。仅以《说文》为材料之一种，能充量的辨别着去用一切材料，如金文、甲骨文等，因而成就的文字学，乃是科学的研究。照着司马子长的旧公式，去写纪表书传，是化石的史学。能利用各地各时的直接材料，大如地方志书，小如私人的日记，远如石器时代的发掘，近如某个洋行的贸易册，去把史事无论巨者或细者，单者或综合者，条理出来，是科学的本事。科学研究中的题目是事实之汇集，因事实之研究而更产生别个题目。所以有些从前世传来的题目经过若干时期，不是被解决了，乃是被解散了，因为新的事实证明了旧来问题不成问题，这样的问题不管它困了多少年的学者，一经为后来发现的事实所不许之后，自然失了它的成为问题的地位。破坏了遗传的问题，解决了事实逼出来的问题，这学问自然进步。譬如两部《皇清经解》，其中的问题是很多的，如果我们这些以外不再成题目，这些以内不肯捐弃任何题目，自然这学问是静止的，是不进步的。一种学问中的题目能够新陈代谢，则所得结果可以层层堆积上去，即使年代久远，堆积众多，究竟不觉得累赘，还可以到处出来新路，例如很发达的天文、物理、化学、生物等科目。如果永远盘桓于传留的问题，旧题不下世，新题不出生，则结果直是旋风舞而已，例如中国的所谓经学中甚多题目，如西洋的哲学。所以中国各地零零碎碎致力于历史或语言范围内事的人也本不少，还有些所谓整理国故的工作，不过每每因为所持住的一些题目不在关键中，换言之，无后世的题目，或者是自缚的题目，遂至于这些学问不见奔驰的发展，只表昏黄的残缺。

（二）凡一种学问能扩张他研究的材料便进步，不能的便退步。西洋人研究中国或牵连中国的事物，本来没有很多的成绩，因为他们读中国书不能亲切，认中国事实不能严辨，所以关于一切文字审求、文籍考订、史事辨别等等，在他们永远一筹莫展。但他们却有些地方比我们范围来得宽些。我们中国人多是不会解决史籍上的四裔问题的，丁谦君的《诸史外国传考证》，远不如沙万君之译外国传，玉连之解《大唐西域记》，高几耶之注《马哥博罗游记》，米勒之发读回纥文书，这都不是中国人现在已经办到的。凡中国人所忽略，如匈奴、鲜卑、突厥、回纥、契丹、女真、蒙古、满洲等问题，在欧洲人却是格外的注意。说句笑话，假如中国学是汉学，为此学者是汉学家，则西洋人治这些匈奴以来的问题岂不是虏学，治这学者岂不是虏学家吗？然而也许汉学之发达有些地方正借重虏学呢！又如最有趣的一些材料，如神祇崇拜、歌谣、民俗，各地各时雕刻文式之差别，中国人把他们忽略了千百年，还是欧洲人开头为规模的注意。零星注意中国向来有的。西洋人作学问不是去读书，是动手动脚到处寻找新材料，随时扩大旧范围，所以这学问才有四方的发展，向上的增高。中国文字学之进步，正因为《说文》之研究消灭了汗简，阮吴诸人金文之研究识破了《说文》，近年孙诒让、王国维等之殷文研究更能继续金文之研究。材料愈扩充，学问愈进步。利用了档案，然后可以订史；利用了别国的记载，然后可以考四裔史事。在中国史学的盛时，材料用得还是广的，地方上求材料，刻文上抄材料，档库中出材料，传说中辨材料。到了现在，不特不能去扩张材料，去学曹操设“发冢校尉”，求出一部古史于地下遗物，就是“自然”送给我们的出土的物事，以及敦煌石藏，内阁档案，还由它毁坏了好多，剩下的流传海外，京师图书馆所存摩尼经典等等良籍，还复任其搁置，一面则谈整理国故者人多如鲫，这样焉能进步？

（三）凡一种学问能扩充它作研究时应用的工具的，则进步；不能的，则退步。实验学家之相竞如斗宝一般，不得其器，不成其事，语言学和历史学亦复如此。中国历来的音韵学者审不了音，所以把一部《切韵》始终弄不甚明白，一切古音研究仅仅以统计的方法分类。因为几个字的牵连，使得分类上各家不同，即令这些分类有的对了，也不过能举其数，不能举其实，知其然不知其所以然。如钱大昕论轻唇舌上古来无之，乃自重唇舌头出，此言全是，然何以重唇分出一类为轻唇，舌头分出一类为舌上，竟不是全部的变迁，这层道理非现在审音的人不能明白，钱君固说不出。若把一个熟习语音学的人和这样一个无工具的研究者比长短，是没法子竞争的。又如解释隋唐音，西洋人之知道梵音的，自然按照译名容易下手，在中国人本没有这个工具，又没有法子。又如西藏、缅甸、暹罗等语，实在和汉语出于一语族，将来以比较言语学的方法来建设中国古代言语学，取资于这些语言中的印证处至多，没有这些工具不能成这些学问。又如现代的历史学研究，已经成了一个各种科学的方法之汇集。地质、地理、考古、生物、气象、天文等学，无一不供给研究历史问题者之工具。顾亭林研究历史事迹时自己观察地形，这意思虽然至好，但如果他能有我们现在可以向西洋人借来的一切自然科学的工具，成绩岂不更卓越呢？若干历史学的问题非有自然科学之资助无从下手，无从解决。譬如春秋经是不是终于获麟，左氏经后一段是不是刘歆所造补，我们正可以算算哀公十四年之日食是不是对的，如不对，自然是伪作，如对了，自然是和获麟前春秋文同出史所记。又譬如我们要掘地去，没有科学资助的人一铲子下去，损坏了无数古事物，且正不知掘准了没有，如果先有几种必要科学的训练，可以一层一层地自然发现，不特得宝，并且得知当年入土之踪迹，这每每比所得物更是重大的智识。所以古史学在现在之需用测量本领及地质气象常识，并不少于航海家。中国史学者先没有这些工具，哪能使得史学进步？无非靠天帮忙，这里那里现些出土物，又靠西洋人的腿，然而却又不一定是他们的脑袋，找到些新材料而已。整理自己的物事的工具尚不够，更说不上整理别人的物事，如希腊艺术如何影响中国佛教艺术，中央亚细亚的文化成分如何影响到中国的物事，中国文化成分如何由安西西去，等等，西洋的东方学者之拿手好戏，日本近年也有竟敢去干的，中国人目前只好拱手谢之而已。

由上列的三项看来，除几个例外算，近几世中中国语言学和历史学实不大进步，其所以如此自是必然的事实。在中国的语言学和历史学当年之有光荣的历史，正因为能开拓地用材料，后来之衰歇，正因为题目固定了，材料不大扩充了，工具不添新的了。不过在中国境内语言学和历史学的材料是最多的，欧洲人求之尚难得，我们却坐看它毁坏亡失。我们着实不满这个状态，着实不服气，就是物质的原料以外，即便学问的原料，也被欧洲人搬了去乃至偷了去。我们很想借几个不陈的工具，处治些新获见的材料，所以才有这历史语言研究所之设置。

我们宗旨第一条是保持亭林、百诗的遗训。这不是因为我们震慑于大权威，也不是因为我们发什么“怀古之幽情”，正因为我们觉得亭林、百诗在很早的时代已经使用最近代的手段，他们的历史学和语言学都是照着材料的分量出货物的。他们搜寻金石刻文以考证史事，亲看地势以察古地名。亭林于语言按照时和地变迁的这一个观念看得颇清楚，百诗于文籍考订上成那末一个伟大的模范著作，都是能利用旧的新的材料，客观地处理实在问题，因解决之问题更生新问题，因问题之解决更要求多项的材料。这种精神在语言学和历史学里是必要的，也是充足的。本这精神，因行功扩充材料，因时代扩充工具，便是唯一的正当路径。

宗旨第二条是扩张研究的材料。

第三条是扩张研究的工具。这两层的理由上文中已叙说，不再重复了。这三件实在是一句话，没有客观的处理史学或语言学的题目之精神，即所谓亭林、百诗的遗训者，是不感觉着扩充材料之必要，且正也扩充不了，若不扩张工具，也不能实现这精神，处置这材料。

关于我们宗旨的负面还有几句话要说：

（一）我们反对“国故”一个观念。如果我们所去研究的材料多半是在中国的，这并不是由于我们专要研究“国”的东西，乃是因为在中国的材料到我们的手中方便些，因为我们前前后后对于这些材料或已经有了些研究，以后堆积上研究去方便些，好比在中国的地质或地理研究所所致力的，总多是些中国地质地理问题；在中国的生物研究所所致力的，总多是些中国生物问题；在中国的气象研究所所致力的，总是些中国各地气象观察。世界中无论哪一种历史学或哪一种语言学，要想做科学的研究，只得用同一的方法，所以这学问断不以国别成逻辑的分别，不过是因地域的方便成分工。国故本来即是国粹，不过说来客气一点儿，而所谓国学院也恐怕是一个改良的存古学堂。原来“国学”“中国学”等等名词，说来都甚不详，西洋人造了支那学“新诺逻辑”一个名词，本是和埃及脱逻辑亚西里亚逻辑同等看的，难道我们自己也要如此看吗？果然中国还有将来，为什么算学、天文、物理、化学等等不都成了国学，为什么国学之下都仅仅是些言语、历史、民俗等题目？且这名词还不通达，取所谓国学的大题目在语言学或历史学的范围中的而论，因为求这些题目之解决与推进，如我们上文所叙的，扩充材料，扩充工具，势必至于弄到不国了，或不故了，或且不国不故了。这层并不是名词的争执，实在是精神的差异之表显。

（二）我们反对疏通，我们只是要把材料整理好，则事实自然显明了。一分材料出一分货，十分材料出十分货，没有材料便不出货。两件事实之间，隔着一大段，把他们联络起来的一切涉想，自然有些也是多多少少可以容许的，但推论是危险的事，以假设可能为当然是不诚信的事。所以我们存而不补，这是我们对于材料态度；我们证而不疏，这是我们处置材料的手段。材料之内使他发见无遗，材料之外我们一点也不越过去说。果然我们同人中也有些在别处发挥历史哲学或语言泛想，这些都仅可以当作私人的事，不是研究的工作。

（三）我们不做或者反对所谓普及哪一行中的工作。近百年中，拉丁文和希腊文在欧洲一般教育中之退步，和他们在学问上之进步，恰恰成正比例，我们希望在中国也是如此。现在中国希望制造一个新将来，取用材料自然最重要的是欧美的物质文明，即物质以外的东西也应该取精神于未衰败的外国。历史学和语言学之发达自然于教育上也有相当的关系，但这都不见得即是什么经国之大业不朽之盛事，只要有十几个书院的学究肯把他们的一生消耗到这些不生利的事物上，也就足以点缀国家之崇尚学术了——这一行的学术。这个反正没有一般的用处，自然用不着去引诱别人也好这个。如果一旦引了，不特有时免不了致人于无用，且爱好的主观过于我们的人进来时，带进了些乌烟瘴气，又怎么办？

这个历史语言研究所本是大学院院长蔡先生委托在广州的三人筹备的，现在正计划和接洽应举的事，已有些条随着人的所在小小动手，却还没有把研究所的大体设定。稍过些时，北伐定功，破虏收京之后，这研究所的所在或者一部分在广州一部分在北京，位置的方便供给我们许多工作进行的方便。我们最要注意的是求新材料，第一步想沿京汉路，安阳至易州，安阳殷墟以前盗出之物并非彻底发掘，易州、邯郸又是燕赵故都，这一带又是卫邶故域。这些地方我们既颇知其富有，又容易达到的，现在已着手调查及布置，河南军事少静止，便结队前去。第二步是洛阳一带，将来一步一步地西去，到中央亚细亚各地，就脱了纯中国材料之范围了。为这一些工作及随时搜集之方便，我们想在洛阳或西安、敦煌或吐鲁蕃、疏勒，设几个工作站，“有志者事竟成”！因为广州的地理位置，我们将要设置的研究所要有一半在广州，在广州的四方是最富于语言学和人类学的材料，汉语将来之大成全靠各种方言之研究，广东省内及邻省有很多种的方言，可以每种每种的细细研究，并制定表式，用语言学帮助，作比较的调查。至于人类学的材料，则汉族以外还有几个小民族，汉族以内有几个不同的式和部居，这些最可宝贵的材料怕要渐渐以开化和交通的缘故而消灭，我们想赶紧着手采集。我们又希望数年以后能在广州发达南洋学，南洋之富于地质生物的材料，是早已著明的了。南洋之富于人类学材料，现在已渐渐为人公认。南洋学应该是中国人的学问，因为南洋在一切意义上是“汉广”。总而言之，我们不是读书的人，我们只是上穷碧落下黄泉，动手动脚找东西！

现因我们研究所之要求及同人之祈向，想次第在两年以内设立下列各组。各组之旨趣及计划，以后分列刊印。

一、文籍考订；二、史料征集；三、考古；四、人类及民物；五、比较艺术。以上历史范围。六、汉语；七、西南语；八、中央亚细亚语；九、语言学。以上语言范围。

历史学和语言学发展到现在，已经不容易由个人作孤立的研究了，它既靠图书馆或学会供给它材料，靠团体为它寻材料，并且须得在一个研究的环境中，才能大家互相补其所不能，互相引会，互相订正，于是乎孤立的制作渐渐的难，渐渐的无意谓，集众的工作渐渐的成一切工作的样式了。这集众的工作中有的不过是几个人就一题目之合作，有的可就是有规模的系统研究。无论范围大小，只要其中步步都是做研究功夫的，便不会流成“官书”的无聊。所有这些集众工作的题目及附带的计划，后来随时布白。希望社会上欣赏这些问题，并同情这样工作的人，多多加以助力！果然我们动手动脚得有结果，因而更改了“读书就是学问”的风气，虽然比不得自然科学上的贡献较为有益于民生国计，也或者可以免于妄自生事之讥诮罢！我们高呼：

一、把些传统的或自造的“仁义礼智”和其他主观，同历史学和语言学混在一气的人，绝对不是我们的同志！

二、要把历史学语言学建设得和生物学地质学等同样，乃是我们的同志！

三、我们要科学的东方学之正统在中国！

中央研究院历史语言研究所筹备处

中华民国十七年五月 广州

1928年10月《国立中央研究院历史语言研究所集刊》第1卷第1期

国学反思

学术与国粹

陈独秀

学术何以可贵？曰：以牖吾德慧，厚吾生；文明之别于野蛮，人类之别于其他动物也，以此。学术为吾人类公有之利器，无古今中外之别，此学术之要旨也。必明乎此，始可与言学术。盲目之国粹论者，不明此义也。吾人之于学术，只当论其是不是，不当论其古不古；只当论其粹不粹，不当论其国不国；以其无中外古今之别也。中国学术，隆于晚周，差比欧罗巴古之希腊。所不同者，欧罗巴之学术，自希腊讫今，日进不已；近数百年，百科朋兴，益非古人所能梦见；中国之学术，则自晚周而后，日就衰落耳。以保存国粹论，晚周以来之学术，披沙岂不可以得金？然今之欧罗巴，学术之隆，远迈往古；吾人直径取用，较之取法二千年前学术初兴之晚周、希腊，诚劳少而获多。犹之欲得金玉者，不必舍五都之市而远适迂道，披沙以求之也。况夫沙中之金，量少而不易识别；彼盲目之国粹论者，守缺抱残，往往国而不粹，以沙为金，岂不更可悯乎？

吾人尚论学术，必守三戒：一曰勿尊圣。尊圣者以为群言必折中于圣人。而圣人岂耶教所谓全知全能之上帝乎？二曰勿尊古。尊古者以为学不师古，则卑无足取。岂知古人亦无所师乎？犯此二戒，则学术将无进步之可言。三曰勿尊国。尊国者以为鄙弃国闻，非励进民德之道（用《重组中国学报缘起》之语），夫尊习国闻，曾足以励进民德乎？国闻以外，皆不足以励进民德乎？吾以为此种国粹论，以之励进民德而不足，杜塞民智而有余（古人以尊国尊圣故，排斥佛教，致印度要典，多未输入中国，岂非憾事？奈何复以此狭隘之眼光，蔑视欧学哉）。

国粹论者有三派：第一派以为欧洲夷学，不及中国圣人之道，此派人最昏聩不可以理喻。第二派以为欧学诚美矣，吾中国固有之学术，首当尊习，不必舍己而从人也。不知中国学术差足观者，惟文史美术而已；此为各国私有之学术，非人类公有之文明；即此亦必取长于欧化，以史不明进化之因果，文不合语言之自然，音乐绘画雕刻皆极简单也；其他益智厚生之各种学术，欧洲人之进步，一日千里，吾人捷足追之，犹恐不及，奈何自画？第三派以为欧人之学，吾中国皆有之。《格致古微》时代之老维新党无论矣；即今之闻人，大学教授，亦每喜以经传比附科学，图博其学贯中西虚誉；此种人即著书满家，亦与世界学术，无所增益，反不若抱残守缺之国粹家，使中国私有之文史及伦理学说，在世界学术史上得存其相当之价值也。例如今之妄人，往往举《大学》“生众，食寡，为疾，用舒”之说，以为孔门经济学；不知近世经济学说，“分配论”居重大之部分，《大学》未尝及之；即“生产论”及“消费论”中，资本劳力与时间问题，原则纷繁，又岂“生众，食寡，为疾，用舒”之简单理论所能包括；不但不能包括，且为“生产过剩”之原则所不容；倘执此以为经济学，何异据《难经》以言解剖，据《内经》以言病理，据《墨经》以言理化，据《毛诗》《楚辞》以言动植物学哉?

标题为编者加，1918年4月15日
《新青年》第4卷第4号

所谓“保存国粹”

鲁迅

从清朝末年，直到现在，常常听人说“保存国粹”这一句话。

前清末年说这话的人，大约有两种：一是爱国志士，一是出洋游历的大官。他们在这题目的背后，各各藏着别的意思。志士说保存国粹，是光复旧物的意思；大官说保存国粹，是教留学生不要去剪辫子的意思。

现在成了民国了。以上所说的两个问题，已经完全消灭。所以我不能知道现在说这话的是哪一流人，这话的背后藏着什么意思了。

可是保存国粹的正面意思，我也不懂。

什么叫“国粹”？照字面看来，必是一国独有，他国所无的事物了。换一句话，便是特别的东西。但特别未必定是好，何以应该保存?

譬如一个人，脸上长了一个瘤，额上肿出一颗疮，的确是与众不同，显出他特别的样子，可以算他的“粹”。然而据我看来，还不如将这“粹”割去了，同别人一样的好。

倘说：中国的国粹，特别而且好；又何以现在糟到如此情形，新派摇头，旧派也叹气。

倘说：这便是不能保存国粹的缘故，开了海禁的缘故，所以必须保存。但海禁未开以前，全国都是“国粹”，理应好了；何以春秋战国五胡十六国闹个不休，古人也都叹气。

倘说：这是不学成汤文武周公的缘故；何以真正成汤文武周公时代，也先有桀纣暴虐，后有殷顽作乱；后来仍旧弄出春秋战国五胡十六国闹个不休，古人也都叹气。

我有一位朋友说得好：“要我们保存国粹，也须国粹能保存我们。”

保存我们，的确是第一义。只要问它有无保存我们的力量，不管它是否国粹。

标题为编者加，1918年11月15日
《新青年》第5卷第5号

所谓“国学”

鲁迅

现在暴发的“国学家”之所谓“国学”是什么?

一是商人遗老们翻印了几十部旧书赚钱,二是洋场上的文豪又做了几篇鸳鸯蝴蝶体小说出版。

商人遗老们的印书是书籍的古董化,其置重不在书籍而在古董。遗老有钱,或者也不过聊以自娱罢了,而商人便大吹大擂的借此获利。还有茶商盐贩,本来是不齿于“士类”的,现在也趁着新旧纷扰的时候,借刻书为名,想挨进遗老遗少的“士林”里去。他们所刻的书都无民国年月,辨不出是元版是清版,都是古董性质,至少每本两三元,绵连,锦帙,古色古香,学生们是买不起的。这就是他们之所谓“国学”。

然而巧妙的商人可也决不肯放过学生们的钱的,便用坏纸恶墨别印什么“菁华”什么“大全”之类来搜括。定价并不大,但和纸墨一比较却是大价了。至于这些“国学”书的校勘,新学家不行,当然是出于上海的所谓“国学家”的了,然而错字迭出,破句连篇（用的并不是新式圈点），简直是拿少年来开玩笑。这是他们之所谓“国学”。

洋场上的往古所谓文豪，“卿卿我我”“蝴蝶鸳鸯”诚然做过一小堆，可是自有洋场以来，从没有人称这些文章(？)为国学，他们自己也并不以“国学家”自命的。现在不知何以，忽而奇想天开，也学了盐贩茶商，要凭空挨进“国学家”队里去了。然而事实很可惨，他们之所谓国学，是“拆白之事各处皆有而以上海一隅为最甚（中略）余于课余之暇不惜浪费笔墨编纂事实作一篇小说以饷阅者想亦阅者所乐闻也”。(原本每句都密圈，今从略，以省排工，阅者谅之。)

“国学”乃如此而已乎？

试去翻一翻历史里的儒林和文苑传罢，可有一个将旧书当古董的鸿儒，可有一个以拆白饷阅者的文士？

倘说，从今年起，这些就是“国学”，那又是“新”例了。你们不是讲“国学”的么？

1922年10月4日《晨报副刊》

罗素与国粹

周作人

罗素来华了，他第一场演说，是劝中国人要保重国粹，这必然很为中国的人上自遗老下至青年所欢迎的。

罗素这番话，或者是主客交际上必要的酬答，也未可知，但我却不能赞成。

中国古时如老庄等的思想，的确有很好的，但现在已经断绝。现在的共和国民已经不记得什么“长而不宰”，他们所怀抱的思想确是尊王攘夷了。

我想国粹实在只是一种社会的遗传性，须是好的，而且又还存在，这才值得保存，才能保存。譬如现在有一个很有思想的人，我们可以据了善种学的方法，保存他特有的能力，使他传诸后世。倘若这人已死，子孙成了傻子，这统系便已中绝，留下一部著作，也不过指示先前曾有过这样伟大的思想，在他子孙的脑里却自有他的傻思想，不能相通了。我们看中国的国民性里，除了尊王攘夷，换一个名称便是复古排外的思想以外，实在没有什么特别可以保存的地方。几部古书虽有好处，在不肖子孙的眼里，只要白纸上写的黑字，任它蛀烂了原是可惜，教他保存，也不过装潢了放在傻子的书架上，灌不进他的脑里去的了。还有一层，你教他保重老庄，他却将别的医卜星相的书也装潢起来了，老庄看不懂，医卜星相却看得滋滋有味，以为国粹都在这里了。

中国人何以喜欢印度泰戈尔？因为他主张东方化，与西方化抵抗。何以说国粹或东方化，中国人便喜欢？因为懒，因为怕用心思，怕改变生活。所以他反对新思想新生活，所以他要复古，要排外。

罗素初到中国，所以不大明白中国的内情，我希望他不久就会知道，中国的坏处多于好处，中国人有自大的性质，是称赞不得的。

我们欢迎罗素的社会改造的意见，这是我们对于他的唯一的要求。

一九二〇，十月十七日

1920年10月19日《晨报副刊》

国粹与欧化

周作人

在《学衡》上的一篇文章里，梅光迪君说："实则模仿西人与模仿古人，其所模仿者不同，其为奴隶则一也。况彼等模仿西人，仅得糟粕，国人之模仿古人者，时多得其神髓乎。"我因此引起一种对于模仿与影响，国粹与欧化问题的感想。梅君以为模仿都是奴隶，但模仿而能得其神髓，也是可取的。我的意见则以为模仿都是奴隶，但影响却是可以的；国粹只是趣味的遗传，无所用其模仿，欧化是一种外缘，可以尽量地容受他的影响，当然不以模仿了事。

倘若国粹这一个字，不是单指那选学桐城的文章和纲常名教的思想，却包括国民性的全部，那么我所假定遗传这一个释名，觉得还没有什么不妥。我们主张尊重各人的个性，对于个性的综合的国民性自然一样尊重，而且很希望其在文艺上能够发展起来，造成有生命的国民文学。但是我们的尊重与希望无论怎样的深厚，也只能以听其自然长发为止，用不着多事的帮助，正如一颗小小的稻或麦的种子，里边原自含有长成一株稻或麦的能力，所需要的只是自然的养护，倘加以宋人的揠苗助长，便反不免要使他“则苗槁矣”了。

我相信凡是受过教育的中国人，以不模仿什么人为唯一的条件，听凭他自发的用任何种的文字，写任何种的思想，他的结果仍是一篇“中国的”文艺作品，有他的特殊的个性与共通的国民性相并存在，虽然这上边可以有许多外来的影响。这样的国粹直沁进在我们的脑神经里，用不着保存，自然永久存在，也本不会消灭的，他只有一个敌人，便是“模仿”。模仿者成了人家的奴隶，只有主人的命令，更无自己的意志，于是国粹便跟了自性死了。好古家却以为保守国粹在于模仿古人，岂不是自相矛盾么？他们的错误，由于以选学桐城的文章，纲常名教的思想为国粹，因为这些都是一时的现象，不能永久的自然地附着于人心，所以要勉强的保存，便不得不以模仿为唯一的手段，奉模仿古人而能得其神髓者为文学正宗了。其实既然是模仿了，决不会再有“得其神髓”这一回事；创作的古人自有他的神髓，但模仿者的所得却只有皮毛，便是所谓糟粕。奴隶无论怎样的遵守主人的话，终于是一个奴隶而非主人，主人的神髓在于自主，而奴隶的本分在于服从，叫他怎样的去得呢？他想做主人，除了从不做奴隶入手以外，再没有别的方法了。

我们反对模仿古人，同时也就反对模仿西人，所反对的是一切的模仿，并不是有中外古今的区别与成见。模仿杜少陵或泰戈尔，模仿苏东坡或胡适之，都不是我们所赞成的，但是受他们的影响是可以的，也是有益的，这便是我对于欧化问题的态度。我们欢迎欧化是喜得有一种新空气，可以供我们的享用，造成新的活力，并不是注射到血管里去，就替代血液之用。

向来有一种乡愿的调和说，主张中学为体西学为用，或者有人要疑我的反对模仿欢迎影响说和他有点相似，但其间有这一个差异：他们有一种国粹优胜的偏见，只在这条件之上才容纳若干无伤大体的改革，我却以遗传的国民性为素地，尽他本质上的可能的量去承受各方面的影响，使其融和沁透，合为一体，连续变化下去，造成一个永久而常新的国民性，正如人的遗传之逐代增入异分子而不失其根本的性格。譬如国语问题，在主张中学为体西学为用者的意见，大抵以废弃周秦古文而用今日之古文为最大的让步了；我的主张则就单音的汉字的本性上尽最大可能的限度，容纳"欧化"，增加他表现的力量，却也不强他所不能做到的事情。照这样看来，现在各派的国语改革运动都是在正轨上走着，或者还可以逼紧一步，只不必到"三株们的红们的牡丹花们"的地步：曲折语的语尾变化虽然是极便利，但在汉文的能力之外了。我们一面不赞成现代人的做骈文律诗，但也并不忽视国语中字义声音两重的对偶的可能性，觉得骈律的发达正是运命的必然，非全由于人为，所以国语文学的趋势虽然向着自由的发展，而这个自然的倾向也大可以利用，炼成音乐与色彩的言语，只要不以词害意就好了。

总之我觉得国粹欧化之争是无用的，人不能改变本性，也不能拒绝外缘，到底非大胆的是认两面不可。倘若偏执一面，以为彻底，有如两个学者，一说诗也有本能，一说要“取消本能”，大家高论一番，聊以快意，其实有什么用呢？

1922年2月12日《晨报副刊》

国学运动的我见

成仿吾

我们的学术界自从所谓新文化运动以来，真不知道经过多少变迁了。变迁本是进步的一个条件，可惜我们所经过的变迁，不幸是向退步一方向去的。最初，我们有所谓国语运动，这与我们这不三不四的革命一样，总算成功了。其次，我们有所谓学术运动，许多关于社会经济与哲学的书籍，真如雨后的春笋露了出来；不幸投机的商人虽多，好货完全没有，广告虽然打得很大，内容却实空虚；有许多不值一文钱的人也自称哲学家，也自称社会学者，尤足使人喷饭；所以这种运动的结果，只不过这些商人各人赤条条地暴露了他们的骸骨。最后我们现在有所谓国学运动，这种运动怎样奇怪，与参加这种运动的人怎样无聊，我觉得没有适当的语言可以表出。

国学运动！这是怎样好听的一个名词！不但国粹派听了要油然心喜，即一般的人听了，少不了也要点头称是。然而他们这种运动的神髓可惜只不过是要在死灰中寻出火烬来满足他们那“美好的昔日”的情绪，他们是想利用盲目的爱国的心理实行他们倒行逆施的狂妄。所以假使国粹派称新文化运动为清谈，我们当称这国学运动为清谈中之清谈，遗害更加百倍的清谈。

从事这种运动的人，约略可以分为下列的三种：

1. 学者名人而所学有限，乃不得不据国学为孤城者。

2. 老儒宿学及除国学外别无能事乃乘机倡和者。

3. 盲从派，这是一切运动所必需之物。

这三种人性质虽稍不同，然而他们纯袭古人的非科学的旧法，思用以显耀一时，却是一样的。要想取科学的方法为真切的研究，他们都欠少科学的素养。他们的方法与态度，不外是承袭清时的考据家。所以他们纵然拼命研究，充其量不过增加一些从前那种无益的考据。这样的研究不仅与我们的生活毫不相干，即于国学的研究，亦无何等的益处。

国学，我们当然不能说它没有研究之价值。然而现在便高谈研究，对于上列的三种人，未免为时过早，何况群起而为一种运动？凡研究一件东西，我们能常持批评的态度，才能得到真确的结果，若不能保持批评的态度，则必转为所惑。古来多少国学家所以把他们绝大的努力空费了，便是因为他们欠少批评的精神，终于为对象所迷乱而不知所择的缘故。然而欲保持批评的态度或精神，须有十分的素养，所以我们即要研究国学，亦非先有十分的素养不可。现在是修养的时期，还谈不到研究上去。

这三种人中颇有因为外国人近来喜欢研究我们的国学而沾沾自喜的。这种外国 Exotics 不满意于科学（实是因为他们不知道什么是科学）妙想天开，以为极东的苍天之下有一块常青的乐土；他们不再想起做过他们幻想之背景的，和在科学上做过他们的先生的阿拉伯或印度，却更很远很远地画出一个这样的Paradise来。虽不免出人意外，然他们这样满足他们的幻想，是谁也不能干涉的，不过我们在这极东的苍天之下的人若偏信以为真，那却是非狂即盲了。不懂什么是科学的人，我们尽可任他们胡说，然而我们当知数千年来的疲弊之后，科学不仅为我们的素养最紧要的命脉，而且是恢复我们的生命力之唯一的源泉，我们当对于科学维持我们的信仰。

广义上说起来，不论什么事物都可以为研究的对象，然而研究的人一定要有十分的素养，二要取适当的方法。反观现在许多热心国学运动的人，却不仅没有十分的素养，也还未取适当的方法。

综观年来的成绩，我只见有考证几篇，目录几个，近更看见了几篇考证的文章，然皆不过标榜他们考据的渊博，而扬甲抑乙，扬乙抑丙，只顾搜罗死字，据以相争，曾不一问它们的价值与 Probability；这样的研究，便做几十百年，终是无所裨益。若这样的考证便是国学运动的全部，我们倒也不须多说了。

以这样的人们，取这样的方法，我看我们这种所谓国学运动，充其量不过能造出一些考据死文字的文字，充其量不过能增加一些更烦碎的考据学者。近代的精神是就事物去考究，不闻是就死字去考究。我愿从事这种运动的人能够反省，我尤切愿他们不再勾诱青年学子去狂舐这数千年的枯骨，好好让他们暂且把根基打稳。至于遗老逸少借此消闲，那也是他们的自由，不是我所愿意说及。

十一月十三日，上海

1923年11月《创造周报》第28号

箴洋八股化之理学

吴稚晖

最近张、丁科学之争，虽大家引出了许多学理，沾溉我们浅学不少，然主旨所在，大家抛却。唯斗些学问的法宝，纵然工力悉敌，不免混闹一阵。实在的主旨，张先生是说科学是成就了物质文明，物质文明是促起了空前大战，是祸世殃民的东西。他的人生观是用不着物质文明的。就是免不了，也大家住着高粱秆子的土方，拉拉洋车，让多数青年懂些宋明理学，也就够了。于是丁先生发了气，要矫正他这种人生观，却气极了漫骂了玄学鬼一声，官司就打到别处去了。后来他终究对着林宰平先生把他的初意简单说了出来，他说："林先生若承认欧战不一定是科学促成，我的目的达了。"（大意如此）张先生在省宪同志会演说，说政府是暂时存在的东西，我吃惊不小，威廉第二的绿气炮，竟引出了本来慈悲而且科学化的张先生，转变了一个无政府主义者，做我们的同志，我还有何说呢？但是我爱美词，我尤爱真理。无政府时代虽我们不及亲见，我想必定是一个瑶池乐园，决不是高粱秆子土屋，还有拉洋车人的人境。我们人类，自己不要毛皮，自己不要爪牙，四个足跑路很稳当，自己冒险，叫两条后腿独任了跑路，把两条前腿转变成了两只手，便已心怀不良，有要闹出物质文明的整备。张先生应该在此时早早反对那两只毒手，才算真有见地。什么放他在抱犊谷用高粱秆子，会造起土房，他定要不安本分出个孙美瑶同临城的火车战争了。张先生若说他长了手，也便就会读《程氏遗书》及《朱子全书》，精神亦高出于猴子。这我本绝对地承认。然即此便可见他长了手，他才有读程朱理学的结果，最初便是物质进步，然后精神进步；就让一步来讲，他精神进步，有将读程朱理学之倾向，他自然便长了手，马上叫物质也跟着进步。精神物质是双方并进，互相促成，什么战争不战争，会关了物质的事呢？西方物质进步，故精神亦随了进步。若理想的无战争，必要经由社会主义，及张先生的理想无政府主义，才可达到。程朱的理学，他做梦也说不上，没有哥白尼把一个物质的太阳放在中心，张先生理想的无政府名词，在宋明理学书上寻得出么？所以张先生的人生观，现在我的见解，与丁先生又是不同。他并不是撞见了玄学鬼，他乃不曾请教玄学鬼。他的人生观，是误在他的宇宙观。这说来话长，我已在《太平洋杂志》上投一文，带着批评了，现在也可以不必羼说。我现在要老实请教张先生的，我有三个武断：

（一）张先生厌恶的物质文明，大约即指种种的所谓奇技淫巧。我说他现在所谓奇技淫巧者，过了数百年，还止同今日高粱秆子的土房一样。张先生若活到彼时，定还要气得腹大如牛，亦且瞠目不晓得如何反对。

（二）从今日而到理想的无政府，至少还有比欧战大的三十六回，同欧战一样的七十二次，这是我的最干脆最让步的批评。

（三）小学强迫虽未普行于全世界，理论则已普遍。中学强迫，在三十年后，世界上必有一区首先行之。大学强迫在世界完全实行，克己点说三千年，放个大炮说三百年后。到大学强迫的时节，街上的洋车夫，灶下的老妈子，都具有张君劢先生的智识，你想他还会做洋车夫么？还会做老妈子么？他们还肯战争么？他们还会当什么飞机汽车，算得上物质文明么？

本此三武断，可以复下一结论，曰：惟物质文明进步到不可思议，设备强迫全世界人的大学轻而易举，世界方能至于无战争。

如谓此次欧战，如何促成，曰：是乃张先生反对物质文明所促成。有人曰，德国物质文明进步不已，制造了东西太多，思往外贩卖。英国物质文明也进步不已，制造了东西太多，也思往外贩卖，因而攘夺贩卖场，就弄到战争。这战争不是明明物质文明所促成？我说这是事实，我所承认。倘若世界上都同美国一样，他们到那里去寻贩卖场？还不是大家收了野心，互相交易助退，各得其所，每天发明点奇技淫巧，以相娱乐么？惟其印度有位张先生读太谷儿的好诗，反对物质文明，南洋群岛有位张先生学巫来由长老的静坐，反对物质文明；中国又的确有位张先生，在灰堆里拾着一个程夫子的玩物丧志，好像热狂的拜倒，又反对物质文明，然而从寸布一针都要叫柏林或伦敦供给。从前老顽固洋烟是要吸的，洋钱是要拿的，洋学是反对的。现在张先生是理学名儒，洋烟洋钱是不要了。然而火车是要坐的，不肯坐骡车的，轮船是要坐的，不肯坐钓船的。推而至于风扇也要装的，电灯也要点的。于是柏林要揽张先生做主顾，伦敦也要拿张先生算买客，绿气炮便发动了。若归狱于火车轮船风扇电灯洋布洋针，他们老实板起了面孔回报道，你既要用我们，你何不学美国将我们自造？若归狱于张先生的反对物质文明，又要需用他，张先生何说之辞？张先生恕罪，张先生为我们所敬畏之友，且实在是个物质文明提倡者。他是伤心着绿气炮，临时疯颠。凡冒犯个人之处，乃是戏言。至世界有不进步之民族，惹起物质文明进步人之野心，乃是真理，欧战之损失，是余中国人之罪也夫，是余中国人之罪也夫，于物质文明何与？这种话头是三十年前郭筠仙为了刘锡鸿说的，二十年前梁卓如为了张之洞说的，不料到了今天还要陈庸腐臭的叫吴稚晖为了梁启超、张嘉森说，真算倒楣。

附注：何以羼杂了得罪梁先生呢？因为张先生的玄学鬼，首先是托梁先生的《欧游心影录》带回的。最近梁先生上了胡适之的恶当，公然把他长兴学舍以前在书包里的一篇书目答问摘要，从西山送到清华园，又灾梨祸枣，费了许多报纸杂记的纸张传录了，真可发一笑。

二十年前张之洞、王先谦、李文田之徒，重张顾、王、戴、段的妖焰——此一时，彼一时，其词若有憾，其实尚可相对许之——暗把曾国藩的制造局主义夭折了，产出了护短的西化国粹，如王仁俊一班妖怪的西学古微等。幸亏有康祖诒要长过素王，才生出一点革命精神。他的徒弟梁启超《时务报》出现，真像哥白尼的太阳中天，方才百妖皆息，当时的西学书目表，虽鄙陋得可以，然在精神上批评，要算光焰万丈，较之今日的书目，尽管面目方雅，可惜祸世殃民，真有一是福音，一多鬼趣之别。他受了胡适之《中国哲学史大纲》的影响，忽发整理国故的兴会，先做什么《清代学术概论》，什么《中国历史研究法》，都还要得，后来许多学术讲演，大半是妖言惑众，什么《先秦政治思想》等，正与西学古微等一鼻孔出气。所以他要造文化学院，隐隐说他若死了，国故便没有人整理。我一见便愿他早点死了。照他那样的整理起来，不知要葬送多少青年哩。

我不是敢骂梁先生，我是诚心的劝谏。凡事失诸毫厘，差以千里，不是胡适之的《哲学史大纲》便是好的，梁先生的《先秦政治思想》便是谬的，现今有许多古学整理的著作，我都拜倒。然而或是考订的，或是质疑的，或是撮录的，价值都大。惟有借了酒杯，浇着块垒，真叫做下作。

胡先生的大纲，杂有一部分浇块垒的话头，虽用意是要革命，也很是危险，容易发生流弊。果然引出了梁漱溟的文化哲学及梁启超的学术讲演。胡先生所发生的一点革命效果，不够他们消灭。他们的谬误，乃是完全摆出西学古微的面孔，什么都是我们古代有的，什么我们还要好过别人的，一若进化学理直是狗屁。惟有二千年前天地生才，精华为之殚竭。无论亿万斯年，只要把什么都交给周秦间几个死鬼，请他们永远包办，便万无一失了。你想他如此的向字纸篓里，掏甘蔗渣出来咀嚼，开了曲阜大学，文化学院，遍赠青年，岂不祸世殃民呢？这是梁先生走去那条路上，走得太远了，所以陷入迷魂阵。

我有一天跑到胡先生的书房里，四壁架满了线装书，桌上也堆得东一堆西一叠。他随手把面前的一堆移过，他说你看了是不乐意的。我说这些给你看，我是热烈赞同的。但是我二十年前同陈颂平先生相约不看中国书，直到五四运动之后，我遇见康白情、傅斯年诸位先生，我才悟他们都是饱看书史，力以不空疏为尚。他们不是闹什么新文化，简直是复古。我想时机到了，古学有整理之必要，所以要请章太炎去里昂讲经。去年将国内国外的空气细细一检验，我的思想，上了大当，觉得妖雾腾空，竟缩回到《时务报》出世以前。影响在政界，把什么最热烈的革命党，都化为最腐臭的官僚，简单归罪，可以说是四六电报打出来的。

这国故的臭东西，他本同小老婆吸鸦片相依为命。小老婆吸鸦片，又同升官发财相依为命。国学大盛，政治无不腐败。因为孔孟老墨便是春秋战国乱世的产物，非再把他丢在毛厕里三十年。现今鼓吹成一个干燥无味的物质文明，人家用机关枪打来，我也用机关枪对打，把中国站住了，再整理什么国故，毫不嫌迟。

什么叫做国故？与我们现今的世界有什么相关？他不过是世界一种古董，应保存的罢了。埃及巴比伦的文字，希腊罗马的学术，因明唯识的佛经，周秦汉魏的汉学，是世界上人公共有维护之责的东西，是各国最高学院应该抽几个古董高等学者出来作不断的整理。这如何还可以化青年脑力，作为现世界的教育品呢？亚里斯多德之古籍，经流血而掷诸校门以外。希腊拉丁之文，至今逐渐强迫最古董之学院废除。此种彰明皎著的大改革，是世界共认为天经地义的了。梁先生还要开一笔古董账，使中学毕业的学生，挟之而渡重洋，岂非大逆不道？胡适之是拿六经三史做了招牌，实在是要骗他们读《七侠五义》。梁先生上了他的当，竟老实的傻气出来，把青年堆在灰字簏里，梁先生自己睡了想想，也算得上一个笨伯罢？

章太炎的考据，定也不算丢丑。他那《章氏丛书》里几种小品，可以充得传作。但他要把那灰字簏的东西，对青年做一个新系统的传达，他就糟了。去年在江苏省教育会的讲演，我在伦敦看《民国日报·觉悟》所载，我替他短气。乃现在还被什么书坊刻了出来，真是他老年的污点。梁先生必定也替他难过，人己对照，便能觉悟那种灰色的书目，是一种于人大不利，于学无所用的东西了。

从前张小浦说得好，“倘真正是国粹，何必急急去保？二千年以来，定孔孟为一尊，斥老墨为异端，排除无所不至，然而老墨之书至今光景长新”。所以在三十年内姑且尽着梁先生等几个少数学者，抱残守缺，已经足够，不必立什么文化学院，贻害多数青年，更不必叫出洋学生带了许多线装书出去，成一个废物而归。充其量都成了胡适之、胡先骕诸位先生，也不过做一个洋八股的创造人而已。少数的胡适之、胡先骕原是要的，不幸梁先生要大批的造，不幸又有最高等的学者张君劢先生出来做护法，使他繁殖。因此，同张先生反抗，并词连了梁先生。

1923年7月23日《晨报副刊》198号

汉字革命与国故

钱玄同

我是主张汉字革命的一个人。我主张把国语写成拼音文字，我主张采用世界通用的罗马字母来做国语拼音文字的字母。我从教育普及和文化革新上研究，断定国语应该改用拼音文字。我从便于无限制的输入西文词句上研究，从书写印刷种种方面便利上研究，断定国语字母应该采用罗马字母。我从中国文字古今变迁底历史上研究，断定国语能够改用拼音文字。以上的意见，大致都在《国语月刊》第一卷第七号（“汉文改革”号）《汉字革命！》一文中发表过了。同时发表《国语应该改用拼音文字》的意见的，还有黎锦熙、赵元任……诸位先生。我们的意见发表以后，常常听到反对的议论。其中如“中国的语言是单音语，同音字太多，不能用拼音文字”这一类话，知道它谬误的人渐渐地多起来了，我们可以不必再去驳它了。最近又听到一种反对的议论：“中国若改用拼音文字，一般人自然不再去认识汉字；那么，以前用汉字写的书籍便没有人能读它了。但中国底文化寄于汉字的书籍之中，不能读汉字的书籍，便不能知道中国底文化；所以汉字革命底结果，便要闹到扑灭文化。扑灭文化是何等野蛮何等悲惨的事！这是我们应该做的吗！”一般浅见的人们听了这种议论，觉得真是“一棒一条痕，一掴一掌血”；他们以为主张汉字革命的人们给人家这样一个耳刮子、两个耳刮子地打下来，一定“内疚神明”，忏悔以前做了文化底叛徒，从此噤若寒蝉，不敢再响了。

但是据我看来，那种议论简直是不通得很！

第一，文化是常常变迁常常革新的。古人所说什么“天不变，道亦不变”这类不通可笑的话，现在早已没有它立足的地位了。讲到中国底文化，现在尤其应该努力向着革新的路上走去！若再迷恋旧文化底尸骸，真是“害于而家，凶于而国”，一定要闹到亡国灭种的地步！中国现在的新文化，就是“现代的世界文化”（有人称为“欧化”，有人称为“西方化”，都是不妥当的名称）。他们所说的“中国文化”，既是寄于汉字的书籍之中的，则当然是指过去的已经僵死腐烂的中国旧文化而言，不是现在的正在发荣滋长的中国新文化。过去的已经僵死腐烂的中国旧文化，可以称它为“国故”（有人称为“国学”，很有语病）。国故在“中国文化”全体之中只占了很小的一个部位。他们称国故为“中国文化”，仿佛称一只眼睛或一个手指为“人”一样，这不是不通得很吗？

第二，国故固然寄于汉字的书籍之中，但汉字书籍之中的国故，只是一大堆杂乱无章的国故的材料。这种材料，只能供给“国故学者”（如现在的胡适之、梁任公、顾颉刚诸位先生等）拿去做“整理国故”的取资，决不是要想得到国故底知识的一般人适用的工具。一般人要想得到国故底知识，惟有读国故学者整理就绪的有条理有系统的新著。若读那杂乱无章的旧书，必致“劳而无功”，而且“非徒无益而又害之”；因为旧书之中，“牛溲，马勃，败鼓之皮”到处皆是，若误信杜撰事实或淆乱真相的伪史，不是反有害吗？讲到国故学者底新著，用什么文体，用什么文字，这是应该“因时制宜”的：例如二十年前是对于所谓“古文”革命的时代，所以梁任公先生做《国学蠡酌》《墨学微》便用他种“新体文言文”；五年前是对于“文言文”革命的时代，所以胡适之先生做《中国哲学史大纲》《国语文学小史》便用“国语文”。那么，今后是对于汉字革命的时代，整理国故的著作当然应该用“拼音的国语文”了。他们不知道一般人要得国故底知识不能求之于杂乱无章的材料之中，他们不知道无论什么文字都可以叙述国故；他们只看见许多汉字的书籍之中堆着好些国故底材料，便以为不认识汉字的人就没有法子得到国故底知识，便说汉字革命底结果要闹到什么“扑灭文化”，这不又是狠不通的议论吗？

因为国故是过去的已经僵死腐烂的中国旧文化，所以它与现在中国人的生活实在没有什么关系。现在的中国人应该赶紧研究不容再缓的学问便是科学。研究科学，才能得到思想精密，眼光扩大，知识正确，生活改善，道德增进种种好处。这些好处，国故里面是找不出来的。照中国目前学术界底状况看来，一般人不妨暂时将国故“束之高阁”；我从别一方面着想，并且觉得目前应该将国故“束之高阁”。你看！遗老还没有死尽，遗少又层出不穷了：有许多思想昏乱的青年，或服膺孔二爷纲常名分之教，或拜倒李老爹虚无玄妙之谈，还有一群新式名士（他们现在改名为“天才”了）镇日家伤春悲秋，怨天尤人，发挥二千年来只享权利不尽义务的高等文丐们的传统思想。这是什么现象！吴稚晖先生在本年七月二十三日和十月十五日的《晨报副刊》上痛斥国故为祟于现在的思想界的文章，别人或许评为偏激，我却觉得真是“发聋振聩”“有功世道人心之文”，对于那班思想昏乱的青年，这种大棒大喝是必不可少的。我因为极表赞同于这种大棒大喝，所以觉得目前应该将国故“束之高阁”。

可是从事实上观察，要叫大家都将国故“束之高阁”，究竟是不可能的事。既不可能，则与其任他们自由读古书，结果闹到“非徒无益而又害之”，不如请有科学的头脑、有历史的眼光的学者如胡适之先生、顾颉刚先生诸人来做整理国故的事业。我希望他们最初做尝百草的神农，最后做配西药的药剂师，做成许多有条理有系统的叙述国故的书，以供一般人对于国故底知识之需求。有条理有系统的叙述国故的新书一部一部地多起来，不但可以满足一般人需求国故底知识之希望，而且还可以渐渐地改正他们对于国故的谬误的传统思想。国故本是“广义的中国历史”，我们若能用正确的眼光——进化论的眼光去看历史，这本是很有益的；因为我们看了祖先那种野蛮幼稚、不学上进的样子，可以激起我们“干蛊”的精神。

我因为认定要使一般人得到正确的国故底知识，应该读整理国故的新著；而整理国故的新著，无论用什么文字都可以做的；所以我对于“汉字革命和国故”这个题目的结论是这样：

汉字革命对于国故是有利无害的。将来用拼音的新文字叙述正确的国故底知识的书，不但比杂乱无章的古书要容易看得多，而且比现在胡适之、梁任公、顾颉刚诸先生用国语文叙述国故的新著还要容易看些，因为拼音文字比汉文要容易认识的原故。如此，则从前和现代不能普及的国故底知识，到了汉字革命以后，便渐渐地有普及的希望。

一九二三，一一，二〇，北京

1923年12月1日《晨报五周年纪念增刊》

整理国故与“打鬼”

胡适

浩徐先生：

今天看见一〇六期的《现代》，读了你的《主客》，忍不住要写几句话寄给你批评。

你说整理国故的一种恶影响是造成一种“非驴非马”的白话文。此话却不尽然。今日的半文半白的白话文，有三种来源。第一是做惯古文的人，改做白话，往往不能脱胎换骨，所以弄成半古半今的文体。梁任公先生的白话文属于这一类，我的白话文有时候也不能免这种现状。缠小了的脚，骨头断了，不容易改成天足，只好塞点棉花，总算是“提倡”大脚的一番苦心，这是大家应该原谅的。

第二是有意夹点古文调子，添点风趣，加点滑稽意味。吴稚晖先生的文章（有时因为前一种原因）有时是有意开玩笑的。鲁迅先生的文章，有时是故意学日本人做汉文的文体，大概是打趣“《顺天时报》派”的，如他的《小说史》自序。钱玄同先生是这两方面都有一点的：他极赏识吴稚晖的文章，又极赏识鲁迅弟兄，所以他做的文章也往往走上这一条路。

第三是学时髦的不长进的少年。他们本没有什么自觉的主张，又没有文学的感觉，随笔乱写，既可省做文章的工力，又可以借吴老先生作幌子。这种懒鬼，本来不会走上文学的路去，由他们去自生自灭罢。

这三种来源都和“整理国故”无关。你看是吗？

平心说来，我们这一辈人都是从古文里滚出来的，一二十年的死工夫或二三十年的死工夫究竟还留下一点子鬼影，不容易完全脱胎换骨。即如我自己，必须全副精神贯注在修词造句上，方才可以做纯粹的白话文；偶一松懈（例如做“述学”的文字，如《章实斋年谱》之类），便成了“非驴非马”的文章了。

大概我们这一辈“半途出身”的作者都不是做纯粹国语文的人。新文学的创造者应该出在我们的儿女的一辈里。他们是“正途出身”的，国语是他们的第一语言，他们大概可以避免我们这一辈人的缺点了。

但是，我总想对国内有志作好文章的少年们说两句忠告的话。第一，做文章是要用力气的。第二，在现时的作品里，应该拣选那些用气力做的文章做样子，不可挑那些一时游戏的作品。

其次，你说国故整理的运动总算有功劳，因为国故学者判断旧文化无用的结论可以使少年人一心一意地去寻求新知识与新道德。你这个结论，我也不敢承认。

国故整理的事业还在刚开始的时候，决不能说已到了“最后一刀”。我们这时候说东方文明是“懒惰不长进的文明”，这种断语未必能服人之心。六十岁上下的老少年如吴稚晖、高梦旦也许能赞成我的话。但是一班黑头老辈如曾慕韩、康洪章等诸位先生一定不肯表同意。

那“最后一刀”究竟还得让国故学者来下手。等他们用点真工夫，充分采用科学方法，把那几千年的烂账算清楚了，报告出来，叫人们知道儒是什么，墨是什么，道家与道教是什么，释迦达摩又是什么，理学是什么，骈文律诗是什么，那时候才是“最后的一刀”收效的日子。

近来想想，还得双管齐下。输入新知识与新思想固是要紧，然而“打鬼”更是要紧。宗杲和尚说的好：

> 我这里无法与人，只是据款结案。恰如将个琉璃瓶子来，护惜如什么，我一见便为你打破。你又将得摩尼珠来，我又夺了。见你恁地来时，我又和你两手截了。所以临济和尚道，“逢佛杀佛，逢祖杀祖，逢罗汉杀罗汉”。你且道，既称善知识，为什么却要杀人？你且看他是什么道理？

浩徐先生，你且道，清醒白醒的胡适之却为什么要钻到烂纸堆里去“白费劲儿”？为什么他到了巴黎不去参观柏斯德研究所，却在那敦煌烂纸堆里混了十六天的工夫？

我披肝沥胆地奉告人们：只为了我十分相信“烂纸堆”里有无数无数的老鬼，能吃人，能迷人，害人的厉害胜过柏斯德（Pasteur）发现的种种病菌。只为了我自己自信，虽然不能杀备，却颇能“捉妖”“打鬼”。

这回到巴黎、伦敦跑了一趟，搜得不少“据款结案”的证据，可以把达摩、慧能，以至“西天二十八祖”的原形都给打出来。据款结案，即是“打鬼”。打出原形，即是“捉妖”。

这是整理国故的目的与功用。这是整理国故的好结果。

你说，“我们早知道在那方面做工夫是弄不出好结果来的”。那是你这聪明人的一时懵懂。这里面有绝好的结果。用精密的方法，考出古文化的真相；用明白晓畅的文字报告出来，叫有眼的都可以看见，有脑筋的都可以明白。这是化黑暗为光明，化神奇为臭腐，化玄妙为平常，化神圣为凡庸：这才是“重新估定一切价值”。他的功用可以解放人心，可以保护人们不受鬼怪迷惑。

西滢先生批评我的作品，单取我的《文存》，不取我的《哲学史》。西滢究竟是一个文人；以文章论，《文存》自然远胜《哲学史》。但我自信，中国治哲学史，我是开山的人，这一件事要算是中国一件大幸事。这一部书的功用能使中国哲学史变色。以后无论国内国外研究这一门学问的人都躲不了这一部书的影响。凡不能用这种方法和态度的，我可以断言，休想站得住。

梁漱溟先生在他的书里曾说，依胡先生的说法，中国哲学也不过如此而已（原文记不起了，大意如此）。老实说来，这正是我的大成绩。我所以要整理国故，只是要人明白这些东西原来“也不过如此！”本来“不过如此”，我所以还他一个“不过如此”。这叫做“化神奇为臭腐，化玄妙为平常”。

禅宗的大师说："某甲只将花插香炉上，是和尚自疑别有什么事。"把戏千万般，说破了"也不过如此"。（下略）

适之 十六，二，七

1927年3月19日
《现代评论》第5卷第119期

且慢谈所谓“国学”

郑振铎

一

所谓“国学”，虽然经过了好几次的厄运，经过了好几次的似若“沦亡”的危境，然而它终于在如今又抬头起来了。所谓国学要籍的宝库，如《四部丛刊》《四部备要》之类，每个中上等的家庭里，几乎都各有一部；而《古今图书集成》也有了资格和《英国百科全书》一同陈列于某一种“学贯中西”的先生们的书架上。几种关于“国学”的小丛书，其流传之盛，更百倍于所谓“科学小丛书”。向来只买皮脊金字的洋装书的人，如今也要搜集所谓线装的古书了。做了几任的“刚白度”的人，如今也要集集宋、金、元本的名著了。每一个大学开了门，总有一个所谓“国学系”；每一个图书馆建立起来，总要在书架上安置了一大批的“国学必读书”；每一位国学大师也总有他的许多信徒与群众。自《国学书目》开列出来以后，总算是“旗开得胜，马到成功”了。当然的，这并不是什么意外的一个收获，意外的一种奇迹；反之，如果开列了《国学书目》而没有这种收获，那才可算是一种意外，那可才算是一种奇迹呢！二三千年来的根深柢固的传统的思想，又加之以人人所有的近乎天性的爱护乡产国物的狂热，当然的只要有人提倡，便会蓬蓬勃勃的如琉璜棍的头上一触上小火星似的熊熊的大放光明了。当国学爱护者在高唤着“国学沦亡”时，其实“国学”并没有真的“沦亡”，不过一时被忙碌者所忽视，有若冬虫之暂蛰而已，到了春雷一震，“制礼作乐”的时代一来到，百虫万兽，当然的一切皆要苏生了。

我们且研究这样的一种“国学”的苏生，究竟是不是一种的“文艺复兴”，是不是今日中国所最需要的一种举动；究竟所谓“国学”的一种东西，是不是如今每个人所必要研究的学问；是不是每个要替中国办事的专门家必要涉猎的门径书。

开《国学书目》的先生们当然都要回答一声“是！”他们还要反复叮嘱的说，出洋研究工程机械，或飞机驾驶的人，都不能不读读《十三经》《廿四史》《九通》，但我们却要直捷地回答他一个、两个、三个的“不是！”“不是”什么理由？且让我们先来分析一下所谓“国学”的一种东西的内容。

二

大众都知道所谓“国学”便是欧洲人所谓“中国学”。欧洲人的所谓“中国学”，虽仅含有一种的意义，即总括一切中国学问与事物的研究;而他们所指的“中国学”研究者或“中国学者”却有了两种不同的人物，一种是识得中国文字的领事牧师们，一种是未见得懂中文,却是深通某一种专门学问而去研究中国某一种事物的专门家。“中国学”的这个名称，原是极为含混的。为什么没有所谓“希腊学”“罗马学”“印度学”“法兰西学”，而独有所谓“中国学”“埃及学”“巴比仑学”呢？第一点，大约是因为中国与埃及诸古国的艰深的文字，非欧洲人人所能懂，所以研究中国埃及文字的人，也成了一种的专门家。第二点，大约是因为研究中国埃及事物的人很少很少，这种研究，尚未至于扩大与普及之境,所以将这些研究姑且混而称之曰:“中国学”“埃及学”“巴比仑学”。就第一点而观之，当然一切牧师、领事，只要请教过秀才举人们，读过《四书》的都可称为中国学者。所以像英国的 H.A.Giles 诸人，便对于中国无论什么事都要谈说，文学、艺术、宗教、哲学、历史、地理，以及一切，而大众便也异口同声的称之曰:“中国学者”。然而这一批人的时代，现在仿佛已经过去了。现代已经进入第二个时代了,便是以专门家去研究关于中国的某一种事物的时代。凡一切史前的考古学者到蒙古去发掘，动植学的教授到闽广浙江去采集标本,中央亚细亚的史地研究者去考察中西交通的史实等等，都是属于这一类，这一类的研究者都是以所研究的事物为主的,不是以懂得中国文字为主的——懂得当然更好。将他们混而称之为“中国学者”，实为不该。所以“中国学”的内容，一加分析，却是什么都没有，且是不能成立的。

与“中国学”同意义的“国学”，其内容当然也不外于此。

一部分的植物学者，应用了植物学的智识，去研究中国植物分布的情形，或某一个地方的植物或某一个种类的植物；一部分的矿物学者，应用了矿物学的原理，去研究中国各地方的矿产，或某一种矿物的产量与产地，或某一省某一县的矿产的情况；一部分天文历算的专家，应用了天文历算的最新方法，去推定中国古代的某一次日食或一种天象，或某一类的天文上的问题；一部分的化学家，应用了现代最新的化学理论去研究中国所谓方士炼丹的秘密。这些，研究的虽是中国的东西，他们本身却不承认自己是“国学家”，我们也不该承认他们是“国学家”。他们只是植物学家、矿物学家、天文学家、化学家，而独不是“国学家”！而我们今日之所谓“国学家”者，则是有异乎他们的另一类的人。

“国学”成了一个专门的学问，“国学系”成了一个专门的学系，“国学家”成了一个专家的称号。然而“国学”其实却不是一种专门的学问，它不能与植物学、动物学、矿物学、天文学、化学相比肩；“国学”其实却不能成为一个专门的学系，它没有与植物学系、动物学系、矿物学系、天文学系、化学系相对立的资格；“国学家”其实更不是一个专门的学者，他不配与植物学家、动物学家、矿物学家、天文学家、化学家，同立在一个讲坛上。

浅而言之，“国学”乃是中学校的“国文”一课的扩大，“国学家”乃是中学校的“国文教师”的抬高。他们是研究中国的事物名理的，然而却没有关于事物名理的一般的、正确的、基本的知识；他们是讨论一切关于中国的大小问题的，然而他们却没有对于这一切问题有过一番普遍的、精密的考察；他们会讲上古期的中国哲学，中古期的中国文学，近百年来的中国史，然而他们对于所谓“哲学”“文学”“历史”的根本要点却并没有握捉到手；他们谈治水开河，他们谈制礼作乐，他们谈“立法三章”的事，他们谈中国教育的问题，然而他们却不是水道工程的技师，却不是音乐家、制谱家，却不是法律家，却不是教育家。总之，他们是无所不能的国学家，却不是专精一家言的专门学者。他们是认识世界最难认识的中国文字者。他们的唯一工具是中国文字。他们的唯一宝库是古旧的书本。他们的唯一能事是名物训诂，是章句解释，是寻章摘句，是阐发古圣贤之道。他们脱逃不出佛祖的手掌心之外，这只手掌心便是书本——古旧的书本。

平心而论，我们的“国学家”的中国文字的知识，当然要比仅仅认识几个中国字的一部分西方的“中国学者”高明了不少。然而在常识上也许还要远逊于他们，有的时候，即在对于古书的理解力上也许还要让他们——西方的中国学者——高出一头地。

就我们在上文分析的结果，我们知道：“国学”乃是包罗万有而其实一无所有的一种中国特有的“学问”；“国学家”乃是无所不知而其实一无所知——除了古书的训诂之外——的一种中国特有的专门学者。

三

然而，像这样的一种“国学”，像这样的一种“国学家”，却不是现代的产物，也不是从天上落下来的时代的宠儿。他们在中国几千年的历史上便已屡屡的演着他们的把戏了。原来，他们的前身，便是所谓“士大夫”的一种特殊的阶级，即为君王的家奴，而去帮助他治理天下的一种特殊的“帮治者阶级”。这个阶级，“肩不能挑担，手不能提篮”，既不能耕田种地，又不能买卖经营，更不能执锯握斧，垒砖涂泥。然而却俨然的居于“四民”之首，为他们的统治者、管理者、责罚者、公断者。他们从拜了“开蒙师”，读了“人之初”“大学之道”，取了一个学名——或者官名——之后，便已准备着要做“腰金衣紫”“治国平天下”的“官”“宰”了。他们学会了做赋，做诗，做八股文，做策论。练习熟了“敲门砖”，把做官的门敲开了之后，从此便一帆风顺。永远不失其为“治人阶级”的身份了。从此，他们便抛弃了敲门砖，摇身一变，变成为教育家、政治家、法官、财政官、工程师、外交官、带兵的统将等等。总之，自从抛却了敲门砖之后，他们却成为一位无所不能的士大夫了，一位无所不知的治者阶级了。刚刚脱下了蓝衫，放下了做八股文的笔的士大夫，便翻起了“大清律”去坐堂判案，或匆匆的读了几篇治河疏，便去督责工役防河。有的时候，他们竟还知道选日看地，竟还知道抚切手脉，开出药方医案来。真是天下的学问备于一身——这也难怪，现代的某种半殖民地的东方城市里，还有东西方人以外交官而兼做法官的怪物在着呢——也难怪天子要将天下的任何要务责之于其身了。

我们的“国学家”，便是这样的一种士大夫阶级的嫡系子孙。“士大夫阶级”有幸而生于数十百年前，便做了宰天下的高官，我们的“国学家”不幸而生于百十年后的今日，便只好没落而做了一种“蒙馆先生”变相的“国学大师”。

像这样的历史上传统的人物，要一时消灭了他们，是很困难的，他们如今虽然没落了，也许更会“回光返照”了一次二次也难说。然而为了中国的民族前途计，我们却希望这一个特殊的阶级，能够早日由没落而趋于死灭——愈快愈好。

四

“国学”与“国学家”的历史上的背景与其内容既然如此，那末，我们很可以知道他们在今日的中国是一无所用的废物了。——不仅无用，且还有阻碍于中国民族的进步与发展。

第一点，他们使一般志趣不坚定的少年受了梅毒似的古书的诱害，使他们沉醉于作《诗经研究》《李白的诗》《白香山诗中所表现的人生观》或《唐律研究》《孙子兵法》等等的浅薄论文而自以为满足，甚且以作已经死去了的词曲、古文、诗乃至研究所谓书法、刻印法为自得。即使他们目中只看了些“古色斑斓”的破旧古物，却忘记了他们自己是一位现代的人，有他们的现代的使命与工作，有他们的现代的需要与努力，有他们的现代的精神与思想。换一句话，即把他们拘禁于一所暗室之中，黑漆漆的不使之见到一点光明。我们失去了一部分有作为的青年，便是失去了社会上的一部分的工作能力。将所谓“国学”的好听的一个名辞，使青年们“目迷万色，耳纷八声”“人焉而不能自出”，使他们“玩物丧志”，成了一个社会上的“废人”，这是如何可痛的一种盲目的举动呢！——我说他是盲目，因为知道他们提倡的人，并不是有意的要危害他们。青年们要是人人都去整理、研究、保存所谓“国故”“国学”，则恐怕国将不国，“故”与“学”也将“皮之不存，毛将焉附”了。

第二点，将所谓“国学”的那末一种包罗万有的观念，灌输到社会去，最容易使这个向来便不曾有过清清楚楚的概念而今日方才有些觉醒的社会，重复走入迷途。我们人人都要明白，我们个人决不是一个万能的人，也决没有从事于万能的一种学问的可能。我们懂得不妨多，研究的门径却必须要专，要精，要深入。像《空城计》里诸葛亮口说的“上知天文，下识地理”的时代，现在是早已过去的了。

第三点，人群社会的进化，其主因及诱因，都在于外来的思想事物的输入与采用。所以每逢一次战争，每有了几次的交通贸易之后，本国的文化便有了变化，进展。亚历山大的东征，使希腊文化生了不同的面目，汉武帝的开发西域，也使中国的文化大受影响；日本的欧化与其长足的进步，更是一个显明而最近的例子。但是我们如果提倡“国学”，保存“国故”，其结果便会使我们的社会充满了复古的空气而拒却一切外来的影响。这种的阻拒，在文化与国家的生长上是极有妨害的。且现代的中国还充满着中古世纪的迷信与习惯，生活与见解，即用全力去廓清它们还来不及，哪里还该去提倡它们呢。一面去提倡“国故”“国学”，一面要廓清旧思想、旧习惯，真是“添薪以止沸”“南辕而北辙”，决无可能性的。

第四点，我们即使要整理古书，研究古代哲学、中代文学、近代历史，却也非有外来的基本知识，非参考外国文的书籍不可。他们至少可以启发你一条研究的新路。我从前曾告诉几位朋友说，你要先学会了英德法日或至少其中的二国以上的文字，然后你才能对于古书有比较正确新颖的见解与研究；你要先明白了现代的一二种基本学问与知识，然后你才能对于古书有左右逢源、迥不犹人的见解。居现在而仍抱了“白首穷经”的态度，仍逃不出古书圈子范围以外去研究古书，则这种研究不会有什么好结果，不会得到什么惊人的成绩，是可断言的。

不必再多说了，仅就这四点而论，已可知所谓“国学”，所谓“国学家”，于中国国力及文化的发展有如何巨大的阻碍。

所以我的本文的标题与标语，是劝大家：

且慢谈所谓“国学”！

古书少了几个人谈谈，并不是什么损失。古书不于现在加以整理、研究，也不算什么一会事。现在我们不去研究，不去整理，等到一百年一千年后再加以整理、研究，也并没有什么关系。宋版元版的精本，流入异国，由他们代为保存，也并不是什么可叹息的事。在今日的中国而不去获得世界的知识，研究现代的科学，做一个现代的人，有工作能力的人，那才是可叹息的事；在今日的中国而不去尽力设法输入采用西方的文化与思想，以期彻底地扫荡了我们的中古期的迷雾与山瘴，那才是可叹息的事；在今日的中国而不去介绍研究西方的事物，努力求中国的生存建设与发展，那才是可叹息的事。

总之，我们如要求中国的生存、建设与发展，则除了全盘的输入与容纳西方的文化之外，简直没有第二条路可走。在思想上是如此，在文艺上是如此，在社会上也是如此。我们要求生存，要求新的生活，要求新的生命力，我们便应当毫不迟疑地去接受西方的文化与思想，便应当毫不迟疑地抛弃中古期的迷恋心理与古代的书本，而去取得西方的科学与文明。

我们不妨抛弃了对于古书的研究，我们不妨高叫着：打倒“国故”“国学”！不知道“国故”“国学”并不是可羞耻的事，没有一种专门的学问，没有一种专门的工作能力，那才是可羞耻的事。科学家，工程师，本不应去读什么浩瀚的《九通》《十三经》《廿四史》，这对于他们是毫无用处的。植物学家、矿物学家、化学家，也可以完全不读过某一种国学必读书中的任何一种，这些书对于他们也是毫无关系的（如果他们要如读王维、白居易诗集似的去欣赏它们，那是他们的自由，我们必不去过问）。

五

总结上文的意思是：

第一，打倒所谓“国学家”。

第二，且慢谈所谓“国学”。

第三，古书与古代文化的整理与研究，是最少数的最专门的工作，不必责之于一般人，一般青年。

第四，即研究或整理古书与古代思想文化的人，也不可不懂得基本的科学知识与方法。

第五，全盘输入，采用西方的事物名理，以建设新的中国、新的社会，以改造个人的生活。

所以目前的急务，是：

第一，建设巨大的外国文书图书馆。

第二，建设各种科学的专门研究院、实验室。

第三，用印行四部什么的印刷力，来翻印或译印科学的基本要籍与名著。

且慢谈所谓“国学”！我再三的说。我们的生路是西方科学，与文化的输入与追求。我们的工作是西方科学与文化的介绍与研究。我们不要浪费了有用的工作力。我们且慢谈所谓“国学”！

1929年1月《小说月报》第20卷第1号

论所谓“国学”

何炳松

近年以来，国人对于所谓“国学”的研究，非常热心。这不能不说是一种好现象。因为我国既然有了二千多年的学术，在世界的学术上应该占有相当的地位，那么我们自己就得负起这种研究的责任，不应该专让西洋学者来代我们做整理的工夫，更不应该自己闭了眼睛，专去跟了西洋学者来研究我们自己的学术。所以我以为我们热心研究国学，是一种正当的而且亦是应该做的工作。

但是我觉得近来国人对于国学一个名词，或者误会他的意思，或者利用他的名义，来做许多腐化的事情。我以为如此下去，不但我国学术有永远陆沉无法整理的危险，而且由国学两个字生出的流弊层出不穷，将来一定要使得我国的文化永在混乱无望、故步自封的境界里面。我因为见到这种情形，所以要仿现在时行的办法，提出一个口号来，这个口号就是：

“中国人一致起来推翻乌烟瘴气的国学！”

现在让我把国学应该推翻的理由一一叙述出来，请大家加以平心的考虑。

第一，国学两个字的来历很有点不清。我常常自问国学两个字究竟从何而来？我在中国书中总是查考不出他的来历。后来我才想到他大概是由西文中翻译出来的。原来西洋学者近百年来对于我国民族、语言、文字、历史等，很有热心研究的人，终以我国书籍浩博，一时不容易理出头绪来，所以不得已只好暂时混而称之为“支那学”（Sinology）。据我个人的推测，西洋人所以造这个名词恐怕有二层意思：第一因为中国的事事物物太广大了，太繁杂了，一时无法理清，而又不能没有一个名词去代表这种广大繁杂的研究，所以不得不造出一个名字来，便于称呼。第二因为中国的事事物物还在混乱的状态里面，他们隐约知道中国的民族、文字、语言和历史对于世界文化都有相当的贡献，但是恐怕一时整理不好，价值未定，所以混称为“支那学”，表明他还是一团糟。西洋人的意思无论他是好的或者恶的，原来于他们没有什么关系。但是我们居在中国人的地位上讲，我们对于这个名词，就似乎应该有不同的感想。我以为就我们自己方面看去，这个名词，实在是西洋人给我们的一种耻辱。换句话说，就是我们的国耻，我们决不应该俯首的接受他，我们应该提出强硬的抗议。这是国学应该推翻的第一个理由。

其次，国学两个字的意义，我总觉得他广泛模糊，界限不清。孔老夫子说过：“名不正则言不顺，言不顺则事不成。”我以为国学两个字就犯了“名不正”的毛病。究竟“国学”是什么？现在谁能下一个合理的定义？试问国学的声浪闹了这许多年，我们所得的成绩究竟有多少？这不是“名不正则言不顺，言不顺则事不成”的例证么？西洋的学术无论他是属于哲学或者属于科学，没有不以论理学为根据的，而论理学上基本的必要的初步就是“正名”。我们对于中国学术上正名这一步基本的必要的工作还没有做好，就想要去研究中国的学术，我以为这是古今中外的学术界未曾有过的笑话。这是国学应该打倒的第二个理由。

其次，我觉得国学两个字犯了我国向来囫囵吞枣的大毛病。我们中国人向来最大的毛病就是人人要想做到“万物皆备于我”的圣人，结果往往弄得本身一物亦不备。这种精神最是违反现代科学的精神。现代科学的精神在事业上注重绝对的分工，在学术上注重绝对的分析。庄子所说的“吾生也有涯，而知也无涯”，原是一句人类经验上的格言。我们中国人始终要以“有涯”去拼“无涯”，所以弄得始终在“殆矣”的境界里过活。我以为国学两个字，就是我们这种反科学精神的流露。我们到现在难道还不知道囫囵吞枣的毛病？还不知道分析工夫在现代学术上的重要？我常常看见许多很聪明的青年因为要维持国学家头衔的缘故，自己一个小小的脑袋里一定要把一部偌大的《四库全书》全都装进去。结果往往把自己弄得不经不史不子不集，自己亦不明白自己究竟是一个什么人，自己干的究竟是什么一回事，自己脑袋里装的究竟是一些什么东西。现在我国全国的青年差不多都变成移山的愚公了，很可宝贵的光阴都虚度在一大堆的故纸里面了。这不是国学两个字应该负的责任么？我们如果要取法西洋人的科学精神，非从分析研究分工进行人手不可。国学两个字是反分工的，反分析的。换句话说，就是反科学的。我们真要提倡科学的精神，非推翻他不可。这是国学应该推翻的第三个理由。

再次，我们大家都知道现代德国、法国、美国、英国和日本等国的学术都是很发达的，而且我们中国人都已经公然承认自己不及他们的。那末何以世界上并没有什么德国学、法国学、美国学、英国学和日本学？而我们中国独有所谓“国”学？我们知道德国对于世界学术上最大的贡献是科学和史学，法国对于世界学术上最大的贡献是文学和哲学，美国对于世界学术上最大的贡献是各种新的社会科学，英国对于世界学术上最大的贡献是文学、经济学和政治学，日本对于世界学术上最大的贡献是东洋的史地学。他们对于世界的学术都是各有贡献，但是他们都绝对没有什么国学！我们试问自己既然自命有一种国学，那末中国国学的特质是什么？他的真价值究竟怎样？他对于世界学术究竟曾经有过一种什么贡献？假使我们自问对于中国国学的特质、价值和他对世界学术的贡献，我们都一点不知道，那末所谓“国学”究竟是什么东西？还不就是“一团糟”的别名么，还不就是广义的“经史百家杂抄”么？所谓提倡国学或者研究国学不就是大吹大擂、自欺欺人的把戏么？我们要知道这种专挂金字招牌的办法，在现今科学昌明的时代，决不容许的了。我们试再想一想：我们有所谓“埃及学”，因为埃及早已亡国了，古代埃及人早已死完了；他们学术的内容怎样，价值怎样，对于世界的学术有什么贡献，都还在一团糟的状态里；所以西洋学者不得不代已亡国的埃及和已死完的埃及人负起越俎代庖的责任，来代他们发见埃及学术的内容，估定他的价值，而且明定他对于世界学术上有什么贡献。另外还有所谓“亚述学”，所谓“东方学”，他们的意义都是如此。我们中国现在依然是中国，中国民族依然是中国的民族，为什么我们自己不能明白自己学术的内容？不能估定他的价值？不能明定他在世界学术上的地位？这不是我们读书人的奇耻大辱么？现在我们假使还要仿西洋学者对待埃及、亚述的学术的办法，厚起脸皮用国学两个字对待本国的学术，掩饰自己的没出息。这不但是盲从，简直是毫无心肝了，这是国学应该推翻的第四个理由。

以上我所提出的四大理由，就是：（一）来历不明，（二）界限不清，（三）违反现代科学的分析精神，（四）以一团糟的态度对待本国的学术，都还单就国学两个字本身而论。我们已经觉得国学这个名词，真不愧“乌烟瘴气”四个字的评语，我们已经应该竭力的去推翻他了。另外我觉得还有三个理由，虽然不属于国学的本身，却是和国学有极密切的关系，所以亦提出来说一说。

第一，就是我国近来“国”字的风靡一时，好像中国无论什么一种丑东西，只要加上了一个国字，就立刻一登龙门，声价十倍的样子。五更天十八扯的调子，现在不叫做小调而叫做“国乐”了。卖狗皮膏药的勾当，现在不叫做走江湖而叫做“国医”了，甚至前一个月上海四马路上的馄饨铺，亦要叫做“国菜馆”了。这样类推下去，那末，小脚、辫子、鸦片等等东西，亦都可以叫做“国脚”“国辫”或者“国烟”了。这不但弄得“斯文扫地”，而且“国”字竟变成一切妖魔鬼怪的护身符了。这不是国学两个字所引出来的流弊么？我们要澄本清源，当然非先将谬种拔去不可。这亦是国学应该推翻的一个理由。

第二，就是现在我国凡百物事，只要加上一个国字，就好像完美异常，我们可以不再加以改良了。我们中国近百年来所以没有进步，最大的原因本来就是自大。现在的国字，岂不就是自大精神的表现么？我们还有一个不进步的原因就是缺少南宋史学家“无我”的精神，主观很强，往往自以为是。现在的国字岂不就是主观精神的表现么？一个人自大自是，他就永远没有进步的希望；一个民族自大自是，当然亦是如此。我们天天希望自己和民族能够有长足的进步，天天鼓吹西洋科学的精神和客观态度；而我们同时天天提倡什么国学，天天培养自夸自大的精神。这种南辕北辙的笑话，在二十世纪科学昌明的时代，恐怕只有我们中国人才闹得出！这不亦是国学两个字所引出来的流弊么？这又是国学应该推翻的一个理由。

第三，就是国学的国字，显然表出一种狭小的国家主义的精神，这不但违反我国先贤所主张的“大道之行也，天下为公”这种大同的精神，而且亦违反西洋学者所主张的“知识无国界”那种学术公开的精神。学术是世界人类的公器，我们中国在国际地位上，常常以毫无贡献受人家责备；我们正应该急起直追，取学术公开的态度，把自己的学术整理起来，估定他的价值，公诸世界。这个很正大光明的态度，又何必高高标起国学两个字，一面表出我们据为私有的狭量，一面表现深闭固拒的态度。这亦是国学应该推翻的一个理由。

我们试再回头看一看：中国几千年来多少天才，因为要想做一个无所不通的“国学家”的缘故，往往弄得“毕生尽力所得几何”。至于“白首穷经毫无所得”的更是不知其数。这是我国民族的大损失！这亦是我国学术的大损失！我们试想朱熹这样天才，假使能够专心研究自古以来的理学，不要再去做史学和文学的工夫，他的造就要比他现在所做到的加上几倍？我们试再想朱彝尊这样天才，假使能够专心向文学方面去发挥，不要再去做史学和经学的工夫，他的造就要比他现在所做到的加上几倍？我们试再想章学诚这样天才，假使能够专心去发挥他的史学原理，不要再去做文学和经学的工夫，他的造就要比他现在所做到的加上几倍？我们大家为什么不屑分头去彻底研究中国学术上的一个小部分或者一个小问题？我们中国人为什么一定要听朱熹的话，一定要站住在“大坛场”上，不愿走进“壁角”里面去？为什么我们都不愿听程颐的话，“一草一木都有理，皆须格”。我以为国学两个字正好比之朱熹所说的“大坛场”！我们应该先问什么是“大坛场”？“大坛场”究竟在什么地方？这不是空中的楼阁么？我们倘使再继续宣传什么国学，或者研究什么国学，那一定要和朱熹想站上“大坛场”一样，永远不成功；一定要弄到“书册埋头何日了，不如抛却去寻春”的地步，徒使得不主张读书的陆九渊在江西“闻之色喜”。所以我以为我们如果真真要想整理中国的学术，我们应该先把幻想中的“大坛场”一火烧掉了；换句话说，就是先把国学推翻了。同时大家分头去做程颐所说的“一草一木都有理，皆须格”的工夫，才是正当的办法！

我们要知道西洋学者虽然代中国的学术起了一个混名，叫做“支那学”，但是事实上他们着手研究的时候总是取分工进行和分析研究的办法。德国的雷赫特和芬（Rechthofen）和美国的威利斯（Willis）并不是中国的国学大家，但是他们以精于中国地文地理著名于全世界，这是什么缘故？比利时的多桑（D'Ohson）和英国的霍尔涯特（Horworth）并不是中国的国学大家，但是他们以精于中国元代史迹著名于全世界，这是什么缘故？英国的攸尔（Yule）和摩尔斯（Morse）并不是中国的国学大家，但是他们以精于中西交通史著名于全世界，这是什么缘故？美国的劳佛（Laufer）并不是中国的国学大家，但是他以研究西域植物传入中国考著名于全世界，这是什么缘故？

我们既然自命为“国学专家”，为什么要让瑞典的安特生（Anderson）来代我们研究中国古代的石器？为什么要让美国的卡德（Carter）来代我们研究中国印刷术的西传？为什么要让法国的伯希和（Pelliot）来考订敦煌石室的古籍？为什么要让法国的考狄厄（Confer）来代我们编《中国通史》？为什么要让日本的桑原骘藏来代我们研究蒲寿庚，来替秦始皇帝伸冤？我们研究国学的人为什么要等到西洋人赏识《大唐西域记》，才去研究慈恩法师？为什么要等到西洋人赏识《诸番志》，才去研究赵汝适？我们既然自己有国学，为什么要从荷兰出版的《通报》（*Toung Pao*）这类出版物中去翻译中国的史料？像这一类问题，真是可以无限的写下去，我们应该请求我国的国学家给我们解答。

我的意思以为这就是因为西洋人对于所谓支那学能够用分工的办法和分析的工夫来研究的缘故。我们中国人天天在那里提倡国学，却天天在那里翻译西洋学者研究支那学的作品！这种闭了大门打锣鼓的戏法，在现在世界上恐怕只有我们中国人才做得出来！

我因为想到上面所述的种种情形，所以我主张我们如果抱有整理本国学术的诚意，第一个大前提就是："推翻国学"！

现在再让我提出几个问题向国内学术界请教：

我们研究史学的人，为什么不愿专心去研究中国的史学，而要研究国学？我们研究文学的人，为什么不愿专心去研究中国的文学，而要研究国学？我们研究哲学的人，为什么不愿专心去研究中国的哲学，而要去研究国学？我们研究天算的人，为什么不愿专心去研究中国的天文和算学，而要研究国学？我们当现在分工制度和分析方法都极发达的时代，是否还想要做一个"大坛场"上的"万物皆备于我"的朱熹？中国的史学还不够我们的研究么？史学家我们不屑屈就么？中国的文学还不够我们的研究么？文学家我们不屑屈就么？中国的哲学还不够我们的研究么？哲学家我们不屑屈就么？中国的天文算学还不够我们的研究么？天文学家、算学家我们不屑屈就么？

因为有上面的种种问题，所以我主张我们如果抱有整理本国学术的诚意，第二个大前提，就是："请国学家降尊纡贵来做中国学术上一小部分的彻底研究工夫！"

我已经把国学应该推翻以及中国学术应该分工彻底去研究

的理由，大致都说明了，现在再让我提出一点实际上进行的办法。

我的意思，我们对于中国学术的各流派如史学、文学、哲学、科学等等，都应该各加以三大步研究的工夫：第一步先研究某一科的特质怎样，第二步再用现代科学的眼光去估定他的价值。第三步再把他和世界学术中同一科作一个比较，来断定他对于世界的学术有何等程度的贡献。例如我们研究中国的史学：就中国史书的体裁讲，我们有编年体，有纪传体，有由纪传体旁支侧出的史表、志书和目录，有纪事本末体，有从司马迁到郑樵所主张的旧通史体，有章学诚所主张的新通史体。就史学原理的著作讲，我们有刘知幾对于编年、纪传两体下总批评的《史通》，有章学诚发挥他新通史主张的《文史通义》。再就自古至今的中国史籍讲，我们除《四库全书》中乙部的书籍外，还有从前误入经、子、集之部中的书，他共有着许多卷。我们假定这都是中国史学上的特质，我们再用现代新眼光来估定我国各种史籍体裁是否都宜于保存史料便利参考，应该全部继续维持；或者有几种太是陈腐不合用，应该就此打倒；或者有几种义例很精，文章很富，保存材料很多，我们应该尽量保存他而且加以发挥。《史通》和《文史通义》中的史学原理，那几个是合于现代科学的精神？那几个是违反的？那几个是合于本国而不一定合于世界的史学？合科学的，我们应该提出来加以发挥，不合的就应该打倒。再就史籍数量讲，我们中国的史籍是否较世界上无论那一国为多？是否多而且精，还是多而无用？于是我们再通盘把中国史学的价值估计一下，把他和西洋史学加以大体的比较，那末中国史学的长短利弊和对己对人的贡献，就大体可以明白了。我以为这种办法，虽然不敢说是最正当的办法，但是至少总要比从前妄想站上“大坛场”和现在跟着西洋人走的支那学者来谈整理国学的那两个办法着实了一点。

我上面所举的不过是一例，而且一个范围较大的例。上面所说的，不过是进行步骤的大概，不是细目，但是我想我所主张的办法，大体可以略见一斑了。

我觉得近年来西洋学者在我们中国学术里面发见了不少的天才，平反了不少的冤狱。中国还没有灭亡，中国民族还没有灭种，但是中国学术界的天才要让西洋人来代我们发见，中国学术界中千古的沉冤要让西洋人来代我们平反！这真是中国学术的不幸，亦是中国民族的耻辱。我们从此以后应该服膺我们古代圣贤所说的“由博反约”的格言，取法南宋史学家“主敬”和“无我”的修养，用分析的工夫，打破了国界，放开了眼光，各人专心致志用第三者的客观态度分头去彻底研究各人性之所近的中国学术上一个小问题。换句话说，就是让我们大家赶快把那“大坛场”的金字招牌收下来，让我们大家分头都藏到“壁角”里去，老老实实做一点文学的、史学的、哲学的、科学的或者其他各种学术的小工作。让文学家、史学家、哲学家和科学家各人去研究出中国文学、史学、哲学和科学上的特质是什么？中国的文学、史学、哲学和科学等等本身有什么价值？衡以西洋科学的标准以后，是否还是有价值？把他们和世界全部的文学、史学、哲学和科学比较一下，他们在世界的学术上究竟有没有地位？假使有地位，他们的地位是否重要？我以为我们一定要这样办，我们才对得起我们自己，才对得起我国的学术，才对得起我国的先贤。亦一定要这样办，我们才对得起世界，对得起人类！不过我们要想办到这一层，第一步先得要：

“推翻乌烟瘴气的国学！”

1929年1月10日
《小说月报》第20卷第1号

国粹与国学

许地山

“国粹”这个名词原是不见于经传的。它是在戊戌政变后，当“中学为体，西学为用”的呼声嚷到声嘶力竭的时候所呼出来的一个怪口号。又因为《国粹学报》的刊行，这名词便广泛地流行起来。编《辞源》底先生们在“国粹”条下写着：“一国物质上，精神上，所有之特质。此由国民之特性及土地之情形，历史等，所养成者。”这解释未免太笼统，太不明了。国民的特性，地理的情形，历史的过程，乃至所谓物质上与精神上的特质，也许是产生国粹的条件，未必就是国粹。陆衣言先生在《中华国语大辞典》里解释说，“本国特有的优越的民族精神与文化”，就是国粹。这个比较好一点，不过还是不大明白。在重新解释国粹是什么之前，我们应当先问条件。

一、一个民族所特有的事物不必是国粹。特有的事物无论是生理上的，或心理上的，或地理上的，只能显示那民族的特点，可是这特点，说不定连自己也不欢喜它。假如世间还有一个尾巴的民族，从生理上的特质，使他们的尾巴显出手或脚的功用，因而造成那民族的精神与文化。以后他们有了进化学的知识，知道自己身上的尾巴是连类人猿都没有了底，在知识与运动上也没有用尾巴的必要，他们必会厌恶自己的尾巴，因而试要改变从尾巴产出来的文化。用缺乏碘质的盐，使人现出粗颈的形态，是地理上及病理上的原因。由此颈腺肿的毛病，说话的声音，衣服的样式，甚至思想，都会受影响的。可是我们不能说这特别的事物是一种“粹”，认真说来，却是一种“病”。假如有个民族，个个身上都长了无毒无害的瘿瘤，忽然有个装饰瘿瘤的风气，渐次成为习俗，育为特殊文化，我们也不能用“国粹”的美名来加在这“爱瘿民族”的行为上。

二、一个民族在久远时代所留下的遗风流俗不必是国粹。民族的遗物如石镞、雷斧，其风俗如种种特殊的礼仪与好尚，都可以用物质的生活、社会制度或知识程度来解释它们，并不是绝对神圣，也不必都是优越的。三代尚且不同礼，何况在三代以后的百代万世？那么，从久远时代所留下的遗风流俗，中间也曾经过千变万化，当我们说某种风俗是从远古时代祖先已是如此做到如今的时候，我们只是在感情上觉得是如此，并非理智上真能证明其为必然。我们对于古代事物的爱护并不一定是为“保存国粹”，乃是为知识、为知道自己的过去和激发我们对于民族的爱情。我们所知与所爱的不必是“粹”，有时甚且是“渣”。古坟里的土俑，在葬时也许是一件不祥不美之物，可是千百年后会有人拿来当做宝贝，把它放在紫檀匣里，在人面前被夸耀起来。这是赛宝行为，不是保存国粹。在旧社会制度底下，一个大人物的丧事必要举行很长时间的仪礼，孝子如果是有官守的，必定要告“丁忧”，在家守三年之丧。现在的社会制度日日在变迁着，生活的压迫越来越重，试问有几个孝子能够真正度他们的“丁忧”日子呢？婚礼的变迁也是很急剧的。这个用不看多说，如到十字街头睁眼看看便知道了。

三、一个民族所认为美丽的事物不必是国粹。许多人以为民族文化的优越处在多量地创造各种美丽的事物，如雕刻、绘画、诗歌、书法、装饰等。但是美或者有共同的标准，却不能说有绝对的标准。美的标准寄在那民族对于某事物的形式，具体的或悬象的好尚。因好尚而发生感情，因感情的， 奋激更促成那民族公认他们所以为美的事物应该怎样。现代的中国人大概都不承认缠足是美，但在几十年前，“三寸金莲”是高贵美人的必要条件，所谓“小脚为娘，大脚为婢”，现在还萦回在年辈长些的人们的记忆里。在国人多数承认缠足为美的时候，我们也不能说这事是国粹，因为这所谓“美”，并不是全民族和全人类所能了解或承认底。中国人如没听过欧洲的音乐家歌咏，对于和声固然不了解，甚至对于高音部的女声也会认为像哭丧的声音，毫不觉得有什么趣味。同样地，欧洲人若不了解中国戏台上底歌曲，也会感觉到是看见穿怪样衣服的疯人在那里作不自然的呼嚷。我们尽可以说所谓“国粹”不一定是人人能了解的，但在美的共同标准上最少也得教人可以承认，才够得上说是有资格成为一种“粹”。

从以上三点，我们就可以看出所谓“国粹”必得在特别、久远与美丽之上加上其它的要素。我想来想去，只能假定说：一个民族在物质上，精神上与思想上对于人类，最少是本民族，有过重要的贡献，而这种贡献是继续有功用，继续在发展的，才可以被称为国粹。我们假定的标准是很高的。若是不高，又怎能叫做“粹”呢？一般人所谓国粹，充其量只能说是“俗道”的一个形式（俗道是术语 Folk-Ways 的翻译，我从前译做“民彝”）。譬如在北平，如要做一个地道的北平人，同时又要合乎北平人所理想的北平人的标准的时候，他必要想到保存北平的“地方粹”，所谓标准北平人少不了的六样——天棚，鱼缸，石榴树，鸟笼，叭狗，大丫头——他必要具备。从一般人心目中的国粹看来，恐怕所“粹”的也像这“北平六粹”，但我只承认它为俗道而已。我们的国粹是很有限的，除了古人的书画与雕刻，丝织品，纸，筷子，豆腐，乃至精神上所寄托的神主等，恐怕不能再数出什么来。但是在这些中间已有几种是功用渐次丧失的了。像神主与丝织品是在趋向到没落的时期，我们是没法保存的。

这样“国粹沦亡”或“国粹有限”的感觉，不但是我个人有，我信得过凡放开眼界，能视察和比较别人的文化的人们都理会得出来。好些年前，我与张君劢先生好几次谈起这个国粹问题。有一次，我说过中国国粹是寄在高度发展的祖先崇拜上，从祖先崇拜可以找出国粹的种种。有一次，张先生很感叹地说：“看来中国人只会写字作画而已。”张先生是政论家，他是太息政治人才的缺乏，士大夫都以清谈雅集相尚，好像大人物必得是大艺术家，以为这就是发扬国光，保存国粹。《国粹学报》所揭橥的是自经典的训注或诗文字画的评论，乃至墓志铭一类的东西，好像所萃的只是这些。“粹”与“学”好像未曾弄清楚，以致现在还有许多人以为“国粹”便是“国学”。近几年来，“保存国粹”的呼声好像又集中在书画诗古文辞一类的努力上，于是国学家，国画家，乃至“科学书法家”，都像负着“神圣使命”，想到外国献宝去。古时候是外国到中国来进宝，现在的情形正是相反，想起来，岂不可痛！更可惜的，是这班保存国粹与发扬国光的文学家及艺术家们不想在既有的成就上继续努力，只会做做假骨董，很低能地描三两幅宋元画稿，写四五条苏黄字帖，做一二章毫无内容的诗古辞文，反自诩为一国的优越成就都荟萃在自己身上。但一研究他们的作品，只会令人觉得比起古人有所不及，甚至有所诬蔑，而未曾超越过前人所走的路。“文化人”的最大罪过，制造假骨董来欺己欺人是其中之一。

我们应当规定“国粹”该是怎样才能够辨认，哪样应当保存，哪样应当改进或放弃。凡无进步与失功用的带“国”字头的事物，我们都要下功夫做澄清的工作，把渣滓淘汰掉，才能见得到“粹”。从我国往时对于世界文化的最大贡献看来，纸与丝不能不被承认为国粹。可是我们想想我们现在的造纸工业怎样了？我们一年中要向外国购买多量的印刷材料。我们日常所用的文具，试问多少是“国”字头的呢？可怜得很，连书画纸，现在制造的都不如从前。技艺只有退化，还够得上说什么国粹呢！讲到丝，也是过去的了。就便我们能把蚕虫养到一条虫可以吐出三条的丝量，化学的成就，已能使人造丝与乃伦丝夺取天然丝的地位。养蚕文化此后是绝对站不住的了。蚕虫要回到自然界去，蚕箔要到博物院，这在我们生存的期间内一定可以见得着的。

讲到精神文化更能令人伤心。现代化的物质生活直接和间接地影响到个个中国人身上。不会说洋话而能吃大菜，穿洋服，行洋礼的固不足为奇，连那仅能维系中国文化的宗族社会（这与宗法社会有点不同），因为生活的压迫，也渐渐消失了。虽然有些地方还能保存着多少形式，但它的精神已经不是那么一回事了。割股疗亲的事固然现在没人鼓励，纵然有，也不会被认为合理。所以精神文化不是简单地复现祖先所曾做，曾以为是天经地义的事，必得有个理性来维系它，批评它，才可以。民族所遗留下来的好精神，若离开理智的指导，结果必流入虚伪和夸张。古时没有报纸，交通方法也不完备，如须“俾众周知”的事，在文书的布告所不能用时，除掉举行大典礼、大宴会以外，没有更简便的方法。所以一个大人物的殡仪或婚礼，非得铺张扬厉不可。现在的人见闻广了，生活方式繁杂了，时间宝贵了，长时间的礼仪固然是浪费，就是在大街上吹吹打打，做着夸大的自我宣传，也没有人理会了。所谓遵守古礼的丧家，就此地说，雇了一班搽脂荡粉的尼姑来拜忏，到冥衣库去定做纸洋房、纸汽车乃至纸飞机，在丧期里，聚起亲朋大赌大吃，鼓乐喧天，夜以继日。试问这是保存国粹么？这简直是民族文化的渣滓，沉淀在知识落后与理智昏愦的社会里。在香港湾仔市场边，一到黄昏后，每见许多女人在那里“集团叫惊”，这也是文化的沉淀现象。有现代的治病方法，她们不会去用，偏要去用那无利益的俗道。评定一个地方的文化高低不在看那里的社会能够保存多少样国粹，只要看他们保留了多少外国的与本国的国渣便可以知道。屈原时代的楚国，在他看是醉了的，我们当前的中国在我看是疯了。疯狂是行为与思想回到祖先的不合理的生活，无系统的思想与无意识的行为的状态。疯狂的人没有批评自己的悟性，没有解决问题的能力，从天才说，他也许是个很好的艺术家或思想家，但决不是文化的保存者或创造者。

要清除文化的渣滓不能以感情或意气用事，须要用冷静的头脑去仔细评量我们民族的文化遗产。假如我们发现我们的文化是陈腐了，我们也不应当为它隐讳，楞说我们所有的一切都是优越的。好的固然要留，不好的就应当改进。翻造古人的遗物是极大的罪恶，如果我们认识这一点，才配谈保存国粹。国粹在许多进步的国家中也是很讲究的，不过他们不说是“粹”，只说是“国家的承继物”或“国家的遗产”而已（这两个辞的英文是 National Inheritance，及 Legacy of The Nation）。文化学家把一国优越的遗制与思想述说出来给后辈的国民知道，目的并不在“赛宝”或“献宝”，像我们目前许多国粹保存家所做的，只是要把祖先的好的故事与遗物说出来与拿出来，使他们知道民族过去的成就，刺激他们更加努力向更成功的途程上迈步。所以知识与辨别是很需要的。如果我们知道唐诗，做诗就十足地仿少陵，拟香山，了解宋画，动笔就得意地摹北苑，法南宫，那有什么用处？纵然所拟的足以乱真，也不如真的好。所以我看这全是渣，全是无生命的尸体，全是有臭味的干屎橛。

我们认识古人的成就和遗留下来的优越事物，目的在温故知新，绝不是要我们守残复古。学术本无所谓新旧，只问其能否适应时代的需要。谈到这里，我们就检讨一下国学的价值与路向了。

钱宾四先生指出现代中国学者“以乱世之人而慕治世之业”，所学的结果便致“内部未能激发个人之真血性，外部未能针对时代之真问题”。这话，在现象方面是千真万确，但在解释方面，我却有些不同意见。我看中国“学术界无创辟新路之志趣与勇气”的原因，是自古以来我们就没有真学术。退一步讲，只有真学术的起头，而无真学术的成就。所谓“通经致用”只是“做官技术”的另一个说法，除了学做官以外，没有学问。做事人才与为学人才未尝被分别出来。“学而优则仕”，显然是鼓励为仕大夫之学。这只是治人之学，谈不到是治事之学，更谈不到是治物之学。现代学问的精神是从治物之学出发的。从自然界各种现象的研究，把一切分出条理而成为各种科学。再用所谓科学方法去治事而成为严密的机构。知识基础既经稳固，社会机构日趋完密，用来对付人，没有不就范的。治人是很难的，人在知识理性之外还有自己的意志，与自己的感情意气，不像实验室里的研究者对付他的研究对象，可以随意处置的。所以如不从治物与治事之学做起，则治人之学必贵因循，仍旧贯，法先王。因循比变法维新来得更有把握，代表高度发展的祖先崇拜的儒家思想，尤其要鼓励这一层。所谓学问，每每是因袭前人而不敢另辟新途。因为新途径走得通与否，学者本身没有绝对的把握，纵然有，一般人的智慧，知识，乃至感情意气也未必能容忍，倒不如向着那已经有了权证而被承认的康庄大道走去，既不会碰钉，又可以生活得顺利些。这样一来，学问当然看不出是人格的结晶，而只为私人在社会上搏名誉，占地位的凭藉。被认为有学问的，不管他有的是否真学问或哪一门的知识，便有资格做官。许多为学者写的传记或墓志，如果那文中的主人是未尝出仕的，作者必会做“可惜他未做官，不然必定是个廊庙之器”的感叹，好像一个人生平若没做过官就不算做过人似的。这是“学而优则仕”的理想的恶果。再看一般所谓文学家所做的诗文多是有形式无内容的“社会文艺”，和贵人的诗词，撰死人的墓志，题友朋或友朋所有的书画的签头跋尾。这样地做文辞才真是一种博名誉占地位的凭藉。我们没有伟大的文学家，因为好话都给前人说尽了，作者只要写些成语，用些典故，再也没有可用的工夫了。这样情形，不产生“文抄公”与“誊文公”，难道还会笃生天才的文豪，诞降天纵的诗圣么？

学术原不怕分得细密，只问对于某种学术有分得这样细密的必要没有。学术界不能创辟新路，是因没有认识问题，在故纸堆里率尔拿起一两件不成问题而自己以为有趣味的事情便洋洋洒洒地做起“文章”来。学术上的问题不在新旧而在需要，需要是一切学问与发明的基础。如果为学而看不见所需要的在哪里，他所求的便不会发生什么问题，也不会有什么用处。没有问题的学问就是死学问，就是不能创辟新途径的书本知识。没有用处的学问就不算是真学问，只能说是个人趣味，与养金鱼，栽盆景，一样地无关大旨，非人生日用所必需的。学术问题固然由于学者的知识的高低与悟力的大小而生，但在用途上与范围的大小上也有不同。“一只在园里爬行的龟，对于一块小石头便可以成为一个不可克服的障碍物；设计铁道线的工程师，只主要地注意到山谷广狭的轮廓；但对于想着用无线电来联络大西洋的马可尼，他的主要的考虑只是地球的曲度，因为从他的目的看来，地形上种种详细情形是可以被忽视的”，这是我最近在一本关于生物化学的书（W.O.Kermock and P.Eggleton；*The Stuff We're of*.pp.15—16）里头所读到的一句话。同一样的交通问题，因为知识与需要的不同便可以相差得那么远。钱先生所举出的“平世”与“乱世”之学的不同点，在前者注重学问本身，后者贵在能造就人才与事业者。其实前者为后者的根本，没有根本，枝干便无从生长出来。我们不必问平世与乱世，只问需要与不需要。如有需要，不妨把学术分门别类，讲到极窄狭处，讲到极精到处；如无所需，就是把问题提出来也嫌它多此一举。一到郊外走走，就看见有许多草木我们连名字都不知道，其中未必没有有用的植物，只因目前我们未感觉须要知道它们，对于它们毫无知识还可以原谅。如果我们是植物学家，那就有知道它们的需要了。在欧美有一种种草专家，知道用哪种草与哪种草配合着种便可以使草场更显得美观，和耐于践踏，易于管理，冬天还可以用方法教草不黄萎。这种专门学问在目前的中国当然是不需要，因为我们的生活程度还没达到那么高，稻粱还种不好，哪能讲究到草要怎样种呢？天文学是最老的学问，却也是最幼稚的和最新的学术。我们在天文学上的学识缺乏，也是因为我们还没曾需要到那么迫切。对于日中黑点的增减，云气变化的现象，虽然与我们有关系，因为生活方式未发展到与天文学发生密切关系的那步田地，便不觉得它有什么问题，也不觉得有研求的需要了。一旦我们在农业上，航海航空上，物理学上，乃至哲学上，需要涉及天文学的，我们便觉得需要，因为应用到日常生活上，那时，我们就不能说天文学是没用的了。所以不需要就没有学问，没有学问就没有技术。“不需无学，不学无术”，我想这八个字应为为学者的金言。但要注意后四个字的新解说是不学问就没有技术，不是骂人的话。

中国学术的支离破碎，一方面是由于“社交学问”的过度讲究，一方面是为学人才的无出路。我所谓社交学问就是钱先生所谓私人在社会博名誉占地位的学问。这样的“学者”对于学问多半没有真兴趣，也不求深入，说起来，样样都懂，门门都通，但一问起来，却只能作皮相之谈。这只能称为“为说说而学问”，还够不上说“为学问而学问”。我们到书坊去看看，太专门的书的滞销，与什么ABC，易知、易通之类的书的格外旺市，便可以理会“讲专门窄狭之学者”太少了。为学人才与做事人才的分不开，弄到学与事都做不好。做事人才只须其人对于所事有基本学识，在操业的进程上随着经验去求改进，从那里也有达到高深学识的可能，但不必个个人都需要如此的。为学人才注重在一般事业上所不能解决或无暇解决的问题的探究。譬如电子的探究，数理的追寻，乃至人类与宇宙的来源，是一般事业所谈不到的，若没有为学人才去做工夫，我们的知识是不完备的。欧美各国都有公私方面设立的研究所、学院，予学者以生活上相当的保障。各大学都有“学侣”的制度，使新进的学人能安心从事于学业，在中国呢？要研究学问，除非有钱、有闲，最低限度也得当上大学教授，才可说得上能够为学。在欧美的余剩学者最少还有教会可投；在中国，连大学教授也有吃不饱的忧虑。这样情形，繁难的学术当然研究不起，就是轻可的也得自寻方便，不知不觉地就会跑到所谓国学的途程上。这样的学者，因为吃不饱，身上是贫血的，怎能激发什么“真血性”；因为是温故不知新，知识上也是贫血的，又怎能针对什么“真问题”呢？今日中国学术界的弊在人人以为他可以治国学，为学的方法与目的还未弄清，便想写“不朽之作”，对于时下流行的研究题目，自己一以为有新发见或见解，不管对不对，便武断地写文章。在发掘安阳，发见许多真龟甲文字之后，章太炎老先生还楞说甲骨文都是假的！以章先生的博学多闻还有执著，别人更不足责了。还有，社交学问本来是为社交，做文章是得朋友们给作者一个大拇指看，称赞他几句，所以流行的学术问题他总得猎涉，以资谈助。讨论龟甲文的时候，他也来谈龟甲文；讨论中西文化的潮流高涨时，他也说说中西文化；人家谈佛学，他就吃起斋来；人家称赞中国画，他就来几笔松竹梅；这就是所谓学风的坏现象，这就是“社交学问”的特征。

钱先生所说“学者各傍门户，自命传统”，在国学界可以说相当地真。“学有师承”与“家学渊源”是在印板书流行之前，学者不容易看到典籍，谁家有书他们便负笈前去拜门。因为书的抄本不同，解释也随着歧异，随学的徒弟们从师傅所得的默记起来或加以疏说，由此互相传授成为一家一派的学问，这就是“师承”所由来。书籍流行不广的时代，家有藏书，自然容易传授给自己的子孙，某家传诗，某家传礼，成为独门学问，拥有的甚可引以为荣，因此为利，婚宦甚至可以占便宜，所以“家学渊源”的金字招牌，在当时是很可以挂得出来的。自印板书流行以后，典籍伸手可得，学问再不能由私家独占，只要有读书的兴趣，便可以多看比一家多至百倍千倍的书，对于从前治一经只凭数卷抄本甚至依于口授乃不能不有抱残守阙的感想。现在的学问是讲不清“师承”的，因为“师”太多了，承谁的为是呢？我在广州曾于韶舞讲习所从龙积之先生学，在随宦学堂受过龙伯纯先生的教，二位都是康有为先生的高足，但我不敢说我师承了康先生的学统。在大学里的洋师傅也有许多是直接或向接承传着西洋大学者的学问的，但我也不敢自称为哲姆斯、斯宾塞、柏格森、马克思、慕乐诸位的学裔。在尊师重道的时代，出身要老师推荐，婚姻要问家学，所以为学贵有师承和有渊源，现在的学者是学无常师，他向古今中外乃至自然界求学问，师傅只站在指导与介绍知识的地位，不能都像古时当做严君严父看。印板书籍流行以后，聚徒讲学容易，在学问上所需指导的不如在人格上所需熏陶的多，所以自程朱以后，修身养性变为从师授徒的主要目标，格物致知退于次要地位。这一点，我觉得是很重要的。从师若不注意怎样做人的问题，纵然学有师承，也只能得到老师的死的知识，不能得到他的活的能力。我希望讲师承的学者们注意到这一层。

至于学问为个人私利主义，竞求温饱的话，我以为现在还是说得太早。在中国，社交学问除外，以真学问得温饱算起来还是极少数，而且这样的学者多数还是与“洋机关”有关系的。我们看高深学术的书籍的稀罕，与及研究风气的偏颇，便可理会竞求温饱的事实还有重新调查的余地。到外国去出卖中国文化的学者，若非社交的学问家便是新闻事业家。他们当然是为温饱而出卖关于中国的学问的。我们不要把外国人士对于中国文化的了解力估量得太高，他们所要的正是一般社交的学问家与新闻事业家所能供给的。一个多与欧美一般的人士接触的人，每理会到他们所要知道的中国文化不过是像缠足的起源，龙到底是什么动物，姨太太怎样娶法，风水怎样看法之类，只要你有话对他们说，他们便信以为真，便以为你是中国学者。许多人到中国来访这位，问那位，归根只是要买几件骨董或几幅旧画。多数人的意向并不在研究中国文化，只在带些中国东西回去可以炫耀于人。在外国批发中国文化的学者，他们的地位是和卖山东蓝绸或汕头抽纱的商人差不多，不过斯文一点而已。

在欧美的学者可以收费讲学，但在中国，不收费的讲学会，来听讲还属寥寥，以学问求温饱简直是不容易谈。这样为学只求得过且过，只要社会承认他是学者，他便拿着这个当敲门砖，管什么人格的结晶与不结晶。这也许是中国学者在社会国家上多不能为国士国师而成为国贼国狗，在学问上多不能成为先觉先知而成为学棍学蠹的一个原因吧。我取的是“衣食足而后知礼义”的看法，所以要说：“得温饱才能讲人格。”中国学术界中许多人正在饥寒线底下挣扎着，要责备他们在人格上有什么好榜样，在学问上有什么新贡献，这要求未免太苛了。还有，得温饱并不见得就是食前方丈，广厦万间，只求学者在生活上有保障，研究材料的供给方便与充足就够了。须知极度满足的生活，也不是有识的学者所追求的。

学术除掉民族特有的经史之外是没有国界的。民族文化与思想的渊源，固然要由本国的经史中寻觅，但我们不能保证新学术绝对可以从其中产生出来。新学术要依学术上的问题的有无，与人间的需要的缓急而产生，决不是无端从天外飞来的。一个民族的文化的高低是看那民族能产生多少有用的知识与人物，而不是历史的久远与经典的充斥。牛津大学每年间所收的新刊图书可以排出几十里长，若说典籍的数量，我们现在更不如人家。钱先生假定自道咸而下，向使中国学术思想乃至政治制度社会风俗在与西洋潮流相接触之前先变成一个样子，则中国人可以立定脚跟，而对此新潮，加以辨认与选择，而分别迎拒与蓄泄。这话也有讨论的必要。我上头讲过现代学问的精神是从治物之学出发的，治物之学也可以说是格物之学，而中国学术一向是被社交学问，社交文艺，最多也不过是做人之学所盘据，所谓“朴学”不过为少数人所攻治，且不能保证其必为进身之阶。朴学家除掉典章制度的考据而外，还有多少人知道什么格物之学呢？医学是读不成书的人们所入的行，老农老圃之业为孔门弟子所不屑谈，建筑是梓人匠人的事，兵器自来是各人找与自己合适的去用，蚕桑纺织是妇人的本务，这衣、食、住、行、卫五种民族必要的知识，中国学者一向就没曾感觉到应当括入学术的范围，操知识与智慧源泉的纯粹科学更谈不到了。治物之学导源于求生活上安适的享受的理想和试要探求宇宙根源的谜。学者在实验室里用心去想，用手去做，才能有所成就。中国学术岂但与人生分成两橛，与时代失却联系，甚至心不应手，因此，多半是纸上谈得好、场上栽筋斗的把戏。不动手做，就不能有新发见，就不能有新学术。假如中国的学术思想乃至政治制度社会风俗会自己变更的话，乾嘉以前有千多年的机会，乾嘉以后也不见得就绝对没有。

日本的维新怎么就能成功，中国的改革怎么就屡次失败呢？化学是从中国道家的炼丹术发展的，怎么在中国本土，会由外丹变成内丹了？对的思想落在不对的实验上，结果是造成神秘的迷信，不能产出利用厚生的学问。医学并不见得不行，可是所谓国医，多半未尝研究过本草里所载的药物，只读两三本汤头歌诀之类便挂起牌来。千年来，我们的医学在生理、药物、病理等学问上曾有什么贡献呢？近年来从事提炼中国药物的也是具有科学知识的西医的功劳。在学问的认识上，中国人还是倾向道家的。道家不重知与行，也不信进步，改革自然是谈不到的。我想乾嘉以后，中国学术纵然会变，也不会变到自己能站得住而能分别迎拒与蓄泄西洋学潮的地步，纵然会，也许会把人家的好处扔掉，把人家的坏处留起来。像明末的西洋教士介绍了科学知识和他们宗教制度，试问我们迎的是什么呢？中华文化，可怜得很，真是一泓死水呀！这话十年前我不这样说，五年前我不忍这样说，最近我真不能不这样说了。不过死水还不是绝可悲的，只要水不涸，还可以想方法增加水量，使之澄清，使之溢出。这工夫要靠学术界的治水者的努力才有希望。世间无不死之人，也无不变的文化，只要做出来的事物合乎国民的需要，能解决民生日用的问题的就是那民族的文化了。

要知道中国现在的境遇的真相和寻求解决中国目前的种种问题，归根还是要从中国历史与其社会组织、经济制度的研究入手。不过研究者必要有世界学术的常识，审慎择别，不可抱着“叫花子吃死蟹，只只好”的态度。那么，外国那几套把戏虽然也能够辨认与选择，不致于随波逐流，终被狂涛怒浪所吞咽。中国学术不进步的原因，文字的障碍也是其中最大的一个。我提出这一点，许多国学大师必定要伸舌头的。但真理自是真理，稍微用冷静的头脑去思维一下便可以看出中国文字问题的严重。我们到现在用的还不是拼音文字，难学难记难速写，想用它来表达思想，非用上几十年的工夫不可。读三五年书，简直等于没读过。许多大学毕业生自从出来做事之后便不去摩书本。他们尚且如此，程度低些的更可知。繁难的文字束缚了思想，限制了读书人，所以中国文化最大的毒害便是自己的文字。一翻古籍便理会几十万言的书已很少见，百万千万言的书更属稀罕了。到现在，不说入学之门的百科全书没有，连一部比较完备的字典都没有。国人不理会这是文化低落的病根，反而自诩为简洁。不知道简洁文字只能表现简单思想，像用来做诗词，写游记是很够的。从前学问的范围有限，用简洁的文体，把许多不应当省掉的字眼省略掉还不觉得意义很晦涩，读者可用自己的理会力来补足文中的意思。现代的科学记载把一个字错放了地位都不成，简省更不用说了。我们的命不加长，而所要知要学的东西太多，如果写作不从时间上节省是不成的。我们自己的文化担负已是够重的了，现在还要担负上欧美的文化，这就是钱先生所谓“两水斗啮”的现象，其实是中国人挣扎于两重文化的压迫底下的现象。欧美的文化，我们不能不担负，欧美人却不必要担负我们的文化，人家可以不学汉文而得所需的知识，我们不学外国文成么？这显然是我们的文化落后所给的刑罚，目前是没法摆脱的。要文化的水平线提高，非得采用易于学习的拼音文字不可。千字课或基本汉字不能解决这个严重问题，因为在学术上与思想表现上是须要创造新字的，如果到了思想繁杂的阶段：几千字终会不够用，结果还是要孳乳出很多很多的方块字。现在有人用“圕”表示“图书馆”，用“簙”表示“博物院”，一个字读成三个音，若是这类字多起来，中国六书的系统更要出乱子。拼音字的好处在以音达意，不是以形表意，有什么话就写出什么话，直截了当，不用计较某字该省，某句应缩，意思明白，头脑就可以训练得更缜密。虽然拼音文字中如英文法文等还不能算是真正拼音的，但我们须以拼音法则为归依，不是欧美文字为归依。表达思想的工具不好，自然不能很快地使国民的知识提高。人家做十年，我们非得加上五六倍的时间不可。日本维新的成功，好在他们有“假名”，教育普及得快，使他们的文化能追踪欧美。我们一向不理会这一点，因为我们对于汉字有很深切的敬爱，几十年来的拼音字母运动每被学者们所藐视与反对。许多人只看文字是用来做诗写文的，能摇头摆脚哼出百几十字便自以为满足了。改良文字对于这种人固然没有多大的益处，但为学术的进步着想，我们不能那么浪费时间来用难写难记的文字。古人惜寸阴分阴，现代的中国人更应当爱惜丝毫光阴。因为用高速度来成就事物是现代民族生存的必要条件。

德国这次向东方进兵，事实上是以血换油。油是使速度增进的重要材料。不但在战争上，即如在其他事业上，如果着手或成功稍微慢了些，便等于失败。所以人家以一切来换时间，我们现在还想以时间来换一切，这种守株待兔的精神是要不得的。国民智力的低下，中国文字要负很重的责任。智力的高低就是发见问题与解决问题的能力的速度的高低。我以为汉字不改革，则一切都是没有希望的。用文字记载思想本来和用针来缝布成衣服差不多，从前的针一端是针口，另一端是穿线的针鼻。缝纫的人一针一针地做，不觉得不方便。但是缝衣机发明了，许多不需要的劳动不但可以节省而且能很快地缝了许多衣服。缝衣机的成功只在将针鼻移到与针口同在一端上。拼音文字运动也是试要把音与义打成一片。不过要移动一下这“文字的针鼻”，虽然只是分寸的距离，若用的人不了悟，纵然经过千百年也不能成功。旧工具不适于创造新学术，就像旧式的针不能做更快更整齐的衣服一样。有使中国文化被西方民族吸收愿望的先当注意汉字的改革，然后去求学术上的新贡献，光靠残缺的骨董此后是卖不出去的。

中国目前的问题，不怕新学术呼不出，也不怕人去做专门名家之业，所怕的是知识不普及。一般人的常识不足，凡有新来的吃的用的享受的，不管青红皂白，胡乱地赶时髦。读书人变成士大夫，把一般群众放在脑后，不但不肯帮助他们，反而压迫他们。从农村出来的读书人不肯回到农村去，弄到每条村都现出经济与精神破产的现象。在都市的人们，尤其是懂得吹洋号筒的官人贵女们，整个生活都沉在花天酒地里，批评家说他们是在“象牙之塔”里过日子。其实中国哪里来的“象牙之塔”？我所见的都是一幢幢的“牛骨之楼”罢了。我们希望于学术界的是在各部门里加紧努力，要做优等人而不厌恶劣等的温饱，切莫做劣等人而去享受优等的温饱。那么，平世之学与乱世之学就不必加以分别了。现在国内的大学教授，他们的薪俸还不如运输工人所得的多，我们当然不忍说他们是藏身一曲，做着与私人温饱相宜的名山事业。不用说生存上，即如生活上必须的温饱，是谁都有权利要求的。读书人将来会归入劳动阶级，成为“智力劳动者”，要恢复到四民之首的领导地位，除非现在正在膨胀着的资产制度被铲除，恐怕是不容易了。

附言：六月二十四日某先生在《华字日报》写了一篇质问我的文章，题目是《国粹与国渣》，文中有些问题发得很幼稚，值不得一答。惟有问什么是国粹一点，使我在学问的良心上不能不回答一下。我因此又连想到六月八日钱穆先生在《大公报》发表的星期论文《新时代与新学术》，觉得其中几点也有提出来共同讨论的必要，所以写成这一篇，希望的是能抛碎砖引出宝玉来。文中大意是曾于六月二十八日对岭英中学高中毕业生讲过的。

三十年七月一日

1941年《读者文摘》第1期

我思
敢于运用你的理智
崇文书局·我思图书

经典维新丛书

徐梵澄系列著作

尼采自传（德译汉）
薄伽梵歌（梵译汉）
玄理参同（英译汉并疏释）
陆王学述（简体本）
老子臆解（繁体横排本）
薄伽梵歌（印度版影印）
孙波：徐梵澄传（修订版）

禅解儒道丛书

憨山大师：老子道德经解
憨山大师：庄子内篇注
蕅益大师：四书蕅益解
蕅益大师：周易禅解
马 一 浮：老子注
章 太 炎：齐物论释
杨 仁 山：经典发隐
欧阳竟无：孔学杂著

唯识学丛书

周 叔 迦：唯识研究
唐 大 圆：唯识方便谈
慈航法师：成唯识论讲话
法舫法师：唯识史观及其哲学
吕澂唯识论著集
韩清净唯识论著集
梅光羲唯识论著集
王恩洋唯识论著集
……

太古丛书

谭嗣同：揭乡愿与大盗——仁学
梁启超：国民自新之路——新民说
章太炎：学问与革命——章太炎文选
鲁 迅：解剖我自己——坟 热风